¡¿ME QUIERES VER LA CARA?!

¡¿ME QUIERES VER LA CARA?!

Aprende del rostro y de la numerología
para nutrir tu alma

LUCÍA BLANCO

Grijalbo

¡¿Me quieres ver la cara?!
Aprende del rostro y de la numerología para nutrir tu alma

Primera edición: mayo 2017

D. R. © 2017, Lucía Blanco

D. R. © 2017, derechos de edición mundiales en lengua castellana:
Penguin Random House Grupo Editorial, S. A. de C. V.
Blvd. Miguel de Cervantes Saavedra núm. 301, 1er piso,
colonia Granada, delegación Miguel Hidalgo, C. P. 11520,
Ciudad de México

www.megustaleer.com.mx

ISBN: 978-607-315-222-8

Impreso en México – *Printed in Mexico*

El papel utilizado para la impresión de este libro ha sido fabricado a partir
de madera procedente de bosques y plantaciones gestionadas con los más altos
estándares ambientales, garantizando una explotación de los recursos sostenible
con el medio ambiente y beneficiosa para las personas.

Penguin
Random House
Grupo Editorial

A mis padres, Mariano Rafael Blanco† y Ludivina Pantoja, porque cada uno aportó habilidades a mi vida, porque me dieron los recursos para llegar hasta aquí y el aprendizaje de generármelos por mí misma y responsabilizarme de mí. Hoy lo puedo valorar y agradecer. De ustedes me enriquecí y nutrí enormemente. Gracias porque crecí con amor.

A Mariana, mi sobrina, porque tu llegada nos renueva como familia y con tu nacimiento nos recuerdas la alegría de celebrar la vida. ¡Bienvenida a la familia! Te recibimos con amor.

Índice

PRÓLOGO

La idea de escribir este libro surgió hace tres años, cuando la editorial me invitó a escribir acerca de la lectura de rostro, interés despertado por un taller que iba a impartir sobre ese tema. Originalmente orienté la escritura hacia el desarrollo de habilidades a través de esta técnica milenaria más que hacia la interpretación de los rasgos, ya que existen muchas publicaciones sobre este último enfoque y me resultaba más interesante generar uno diferente.

A lo largo de este recorrido pasaron tantas cosas en mi vida que la escritura se vio truncada y entré en conflicto con la falta de ideas y de enfoque para continuar, así que volví a reunirme con mi editora y acordamos un nuevo rumbo que implicaba no entrar a la parte descriptiva sino a la interpretativa —es decir, enfocarme más en los conceptos y su aplicación en la vida que en los rasgos y su descripción— y que diera pie a desarrollar aspectos a partir de lo que cada rasgo de la cara presupone, lo que me entusiasmó y me permitió volver a escribir.

Por otro lado, siempre he sido una persona que tiende a asociar e integrar diferentes temas o ámbitos y, curiosamente, en estos años me ha tocado vivir en dos países, ambos hogar para mí; gracias a eso me reconecté con mi parte integradora, la que me permitió ampliar mi marco de entendimiento dentro del mundo de la lectura de rostro y mi conocimiento como numeróloga comenzó a desplegarse. Esta metodología ecléctica está presente en este libro como herramientas que espero te sirvan para tu desarrollo.

Asimismo, en estos tres años concluí mi formación como facilitadora de *biodanza* y terminé mis estudios de doctorado en Ciencias del Desarrollo Humano, lo que me ha mantenido en la lectura de filosofía, entre apuntes, libros y material teórico que mi parte docente y académica demanda. Esto, sin darme cuenta, ha ido sustentando todo un enfoque de desarrollo humano que conforma mi identidad como nutrióloga del alma. Este libro es una integración de mis conocimientos y mis deseos de poder aportar algo para tu desarrollo y la nutrición de tu alma.

Finalmente, el libro quedó estructurado de la siguiente manera:

a) En la introducción planteo un panorama de los tres temas que conforman este libro; algunos conceptos generales, una descripción de lo que son y cómo funcionan la lectura de rostro (LR), la numerología (N) y la nutrición del alma (NA).

b) La segunda parte está conformada por diez capítulos —incluido el 0—, y hago un recorrido por temas de vida con los que cada uno puede identificarse y que a cada quien le serán familiares, enfocados desde estas tres perspectivas diferentes. A lo largo de este recorrido me permitiré compartirte algunos conceptos, ejemplos y metáforas que permitan una visión conocida de lo expuesto en cada capítulo.

c)   La tercera sección, que correspondería a las conclusiones en cualquier otro libro, es el capítulo 10, el cual interpreto como un reinicio (ya verás por qué). Es una mirada que, a manera de integración de todos los conceptos expuestos y revisados, te permitirá hacer un recuento de lo transitado para replantearte paradigmas, juicios, conversaciones, relaciones, objetivos y metas en tu vida. Mi deseo es que este libro te sirva para reiniciar tu vida con elementos y conceptos nuevos que permitan nutrir tu alma para que tengas un desarrollo de tu ser humano. [1]

d)   Finalmente, en la cuarta y última sección, el capítulo 11, a fin de conseguir este reinicio, te propongo algunas acciones a realizar para llevar a la práctica la teoría.

Este libro te invita a abrirte a un enfoque de desarrollo más holístico y menos técnico, aunque por supuesto se mencionarán algunos rasgos a partir de la fisionomía. Con estas herramientas pretendo aportar elementos de vida que te permitan reflexionar, pensar, tomar conciencia de tu vida y, tal vez, cambiar para que puedas nutrir tu alma. El conocimiento que adquieras a partir de él te servirá para:

---

[1] Más adelante expondré con detalle la conceptualización que tengo de *desarrollo humano* y *nutrición del alma*, y se verá de dónde surge para mí este segundo término y la relación que hay entre ambos.

☐ Elevar tu autoestima reconociendo las habilidades y potenciales que hay en ti y que descubrirás o reforzarás a partir de tu rostro o de la energía de tus números.

☐ Construir relaciones sanas y de largo plazo.

☐ Conocer tu misión de vida.

☐ Tener una visión diferente de aspectos que dabas por sentados.

☐ Nutrir tu alma para desplegar tus alas.

Aquí encontrarás algunos consejos, enfoques, habilidades o simplemente descubrirás algo de ti que te permita mejorar tu desempeño en lo que sea que hagas; crecerás como persona, lo que te permitirá establecer vínculos que te nutran y ser alguien nutritivo para tus relaciones tanto de pareja como en tus vínculos en general, y ver o enfocar diferente el lugar que quieres ocupar en la sociedad o en los sistemas en que te mueves.

Sin más, te invito a recorrer las siguientes páginas conmigo como guía, donde estoy segura encontrarás información, aprendizaje, conocimiento, una perspectiva diferente y, en cualquier caso, algo que te garantizo desde ahora y que obtendrás de este libro es que ¡jamás volverás a ver la cara de una persona de la misma manera, ni concebirás los números sólo como tales! En cada rasgo y en cada número comenzarás a identificar aspectos que si los ves en otros, es porque están en ti, lo que te augura un cúmulo de cosas por descubrir. ¡Que así sea!

Bendiciones. Mi agradecimiento y deseos de que estas páginas aporten algo sustancial y nutritivo a tu vida.

Lucía Blanco

Introducción

ESTE NO ES UN LIBRO TRADICIONAL EN EL ORDEN Y LA ESTRUC-
TURA QUE SUPONE UN LIBRO. El contenido de cada capítulo
está dado por tres perspectivas que ya te mencioné: la lectura
de rostro, la numerología y la nutrición del alma.

El principal objetivo de esta obra es reconocer en la
lectura de rostro y en la numerología dos herramientas de
autoconocimiento y desarrollo personal a partir de la autoconciencia, la reflexión y la autoestima, así como elementos
de la identidad que te permitan nutrir el alma a partir de la
comprensión y la construcción de relaciones de largo plazo,
de identificar los pensamientos, las emociones y las palabras
que más dices, o en todo caso, las que más se escuchan en
los sistemas a los que perteneces, y que reconozcas tanto tus
propias habilidades como las de los otros, así como las afines y
complementarias en una relación tanto personal como laboral.

Aprender cualquier tema, desde mi perspectiva, es
como estudiar idiomas: primero hay que familiarizarse con

la terminología o el vocabulario, luego se interpretan signos o posiciones y después se construyen frases que eventualmente derivarán en una comunicación en ese idioma, de tal forma que la idea es aprender a hablar "en rostro" y "en números" para reconocer el lenguaje que nutra nuestra alma, deviniendo el desarrollo de este aprendizaje en desplegar las alas para emprender un vuelo propio tan alto como te lo permitas. Así que vamos directo a la terminología.

LECTURA DE ROSTRO (LR)

Existe una anécdota que cuenta que al estar buscando personal para integrarlo a su equipo, Abraham Lincoln recibió el currículo de una persona que era sumamente capaz y competente y que estaba ampliamente recomendada por su secretario particular; después de pasar la entrevista, lo acompañó a la puerta y una vez que se fue, le dijo a su secretario: "No lo voy a contratar". El ayudante, sorprendido por el rechazo de tan calificado prospecto, sólo atinó a preguntar: "¿Pero por qué, señor presidente? Es el candidato mejor preparado que se haya postulado". Lincoln sólo respondió: "No me gusta su cara".

Si bien la decisión de Lincoln en esta anécdota fue quizá más intuitiva que la aplicación de una metodología para leer el rostro, también significa que cada uno de nosotros tenemos esa capacidad, ya que es una habilidad desarrollada por el hombre desde el inicio de los tiempos y generada para sobrevivir.

Al día de hoy, mucho se ha escrito acerca de la lectura de rostro, y estas publicaciones, de forma general, se enfocan a determinar qué significa cada una de las partes del rostro, qué representan y su interpretación desde la fisonomía, además de las características físicas de cada una de estas; sin embargo, este libro recorre las partes de la cara más como conceptos o temas desde una perspectiva de desarrollo humano, sin entrar a la descripción fisonómica de los rasgos. Así pues, las dos interrogantes que surgen son: ¿qué es? y ¿cómo funciona?

¿Qué es?

Para describir lo que es la lectura de rostro, comenzaré por lo que no es. La lectura de rostro *no* significa observar las expresiones, lo que muchas personas consideran el punto de vista experto fundamental —a partir del programa de televisión *Lie to Me* la gente se familiarizó con esta connotación—.

Tampoco es un sistema de adivinación o de predicción del futuro. Por definición, adivinar es "vaticinar lo futuro, profetizar, decir lo que está por venir". La lectura de rostro de ninguna manera "adivinará" lo que va a sucederle a la persona a quien se le lee, ni mucho menos pretende decirle lo que está por ocurrir.

En cuanto a lo que es, me gusta utilizar la palabra *técnica*. Hay quien se refiere a la lectura de rostro como un arte, otros la explican como una metodología o, al hacer referencia a su origen en la medicina china, la denominan ciencia. Para mí es todo eso. Entiendo el arte como algo que perdura o como una virtud, disposición o habilidad para hacer algo, la metodología como un proceso para realizar algo y obtener un resultado (en este caso, sería la forma de hacer una lectura de rostro), y concibo la ciencia como una observación y un razonamiento sistemáticamente estructurado de donde se deducen principios y leyes. Desde estas connotaciones, aunque esas palabras se usan indistintamente en diferentes publicaciones para hablar de la técnica que nos ocupa, no se especifican leyes de manera explícita, lo que desde mi perspectiva le resta enfoque científico, aunque reconozco que la lectura puede ser una virtud o disposición para hacer algo, también que es una habilidad y por lo tanto se puede desarrollar. Adicionalmente, incluir la lectura de rostro como arte sería clasificarla en el mismo rubro que la danza, la música, la arquitectura y las demás denominadas bellas artes, y como no estoy tan de acuerdo en esta inclusión, elijo el vocablo *técnica* para referirme a ella.

Basándonos en la definición del diccionario de la Real Academia Española, *técnica*, en su categoría de adjetivo, refiere lo perteneciente o relativo a las aplicaciones de las ciencias y las artes. Como sustantivo refiere a la persona que posee los conocimientos especiales de una ciencia y un arte. Una acepción más como adjetivo dice que es el conjunto de procedimientos y recursos de que se sirve una ciencia o un arte, y la pericia o habilidad para usar esos procedimientos y recursos. Entendiendo que es la aplicación de la ciencia o del arte, que estos elementos se encuentran en las tres definiciones y que esto puede hacerse a través de una metodología, la denominación de técnica es la que a mi parecer tiene más sentido para referirme a la lectura de rostro.

Este estudio se desarrolló en China, en la época del Emperador Amarillo (Huang Di, 2700-2150 a.C.) y hoy se conoce como *Mian Xiang*, el arte chino de la lectura del rostro humano: el aspecto más descriptivo de una persona, si se sabe interpretarlo. Cada estructura o rasgo del rostro se analiza como un bloque individual que después se combina con cada análisis separado para llegar a una conclusión sobre la personalidad. De acuerdo con este conocimiento milenario, al analizar el rostro, lo que está en el interior se manifiesta en el exterior.

Esta filosofía sostiene que la cara cambia según la mentalidad y los sentimientos que se tengan. En lo personal, comulgo más con el término *emociones*, en lugar de *sentimientos*, ya que en la cara unas se reflejan tanto como los otros. Las emociones se manifiestan en gestos en la cara y cada gesto va construyendo líneas de expresión, más coloquialmente conocidas como arrugas. De ahí que la repetición de nuestros gestos derive en el rostro que tenemos y nos construimos.

Otra distinción que quiero resaltar y que mencioné casi al inicio de este texto es que la lectura de rostro no es una lectura de expresiones, y aunque no será el detalle de esta técnica lo que se trate en este libro, me resulta de interés e importancia resaltar una diferencia entre las dos formas de hacer una lectura. La técnica más conocida consiste en identificar las expresiones que se ejecutan al hablar, lo que se denomina como lectura de expresiones o, en otras palabras, como lenguaje no verbal, que no es lo mismo que la lectura de rostro; a esta última se le conoce también como fisionomía o fisiognomía.

Fisiognomía es un vocablo de raíces griegas y proviene de *physis*, naturaleza, y *gnomon*, signo, indicador o interpretación, de aquí que su significado etimológico sea: los signos indicadores que nos dejan ver o nos permiten la interpretación de la naturaleza.

Así, la lectura de rostro, como se encuentra en diversos libros en la actualidad, está planteada desde la fisionomía, es decir, analiza cada uno de los rasgos que forman la cara, que por definición es la parte frontal de la cabeza, desde la frente hasta la barbilla, y donde podemos observar los rasgos faciales propios y ajenos, como son: orejas, frente, cejas, ojos, nariz, mejillas, boca, labios y barbilla o mentón.

En la fisionomía, cada uno de estos rasgos tiene un significado, aunque en este libro esa lectura irá más allá: no se explicarán los rasgos como tales, ni qué implica tener o no determinada forma en alguna facción; más bien se invitará a la reflexión y plantearé ciertos conceptos para poder descubrirnos y desarrollarnos desde dentro.

En cuanto a la lectura de emociones, si bien no profundizaré en el tema de las microexpresiones, sí daré una visión general de las emociones básicas, los gestos con los que se pueden identificar en los rasgos faciales y cómo podemos nutrirnos para generar emociones positivas.

¿Cómo funciona?

Antes de entrar de lleno al funcionamiento de esta técnica, quisiera resaltar un concepto importante: la ética. Esta no se limita a una carrera o a una actividad; como en cualquier estudio, la línea divisoria entre ser un profesional y ser visto como un charlatán es la seriedad que cada uno pone en la forma de actuar y de presentarse ante los demás.

Que la lectura de rostro se ejerza con profesionalismo y no como juego de reunión para interpretar rostros en reuniones o cafés, diciendo "¡Ah, es que *eres* una persona…!", abre otro tema que me resulta elemental resaltar: la diferencia entre *ser* y *tener*. Un rasgo no hace que una persona *sea* de tal o cual forma; más bien, quiere decir que *tiene* ciertas características que sumadas a otras, o no, podrían llevarnos a una cuestión de ser. Con respecto a ser, no obstante, tengo un tema que tocaré más adelante en el apartado de la nutrición del alma.

Ahora bien, en la técnica de la lectura de rostro dentro del desarrollo humano reconozco un principio de dualidad. Por una parte la energía de la madre y por otra la del padre, o si se prefiere, la energía *yin*, que representa lo femenino, la intuición, el verdadero ser, y la energía *yang*, que representa lo masculino, la acción, el "ser social" y cómo se muestra uno a los demás. Esta dualidad, el *yin-yang*, o femenino-masculino, en términos de lectura de rostro se denomina y se observa como lo privado y lo público, o en otras palabras, lo interno y lo externo. Adicionalmente, al ser una dualidad también existe una *relación* entre ambos aspectos. Imagina que el cuerpo es una frontera y todo lo que ocurre de él hacia adentro corresponde al mundo interno: los pensamientos, las emociones, los sentimientos, nuestra propia concepción del mundo y de la vida. Todo lo que está fuera del cuerpo corresponde al mundo externo; por ejemplo, otra persona, la actividad laboral, "los demás", nuestras acciones. La relación está en que todo lo que ocurre en el exterior fue generado en el interior, de tal modo que si leemos el rostro desde la fisionomía, entonces nos informa cosas prácticas de alguien a partir de sus rasgos físicos, por ejemplo, cómo toma decisiones, cómo gasta el dinero, cómo trabaja de forma más productiva o maneja los detalles (mundo exterior); mientras que la lectura de emociones permite ver y saber cómo se *siente* una persona, es decir, si manifiesta una emoción de alegría, amor, miedo, tristeza o repulsión (mundo interior). Esto significa que nuestro rostro es sólo el reflejo de nuestro interior, donde habitan los pensamientos, juicios y concepciones que tenemos sobre la vida, las relaciones y lo que pensamos acerca de nosotros mismos, los que se transforman a su vez en emociones y nos llevan a actuar. No sólo nuestro rostro es un reflejo de nuestro interior. También lo es todo el mundo exterior, el cual funciona como un espejo. Es decir, todo lo que veo afuera existe dentro de mí, lo que incluye a las demás personas. Al no ser conscientes de esto se creerá que uno "conoce a los demás" a través de la lectura de rostro, lo que resulta debatible, ya que en realidad uno se está conociendo a sí mismo a través del otro.

Entender este concepto es muy importante porque no sólo aplica a la lectura de rostro. Se está poniendo en práctica el principio de que uno no puede ver algo que no conoce, así que observar a otro implica hasta cierto punto reconocer afuera algo que es propio. Esto nos regresa al tema del autoconocimiento, de modo que la lectura de rostro se vuelve sin duda una gran herramienta para conocer más acerca de nosotros mismos. Así también, la práctica de la técnica que nos ocupa reconoce que aplicarla sólo nos permite entender y comprender más a la persona desde una postura de empatía y desde ahí entender cómo piensa, qué emoción repite más, cómo se podría sentir al respecto de algo, y en una lectura mucho más profunda podremos, en todo caso, identificar algunos eventos de su pasado y entender por qué actúa como lo hace. Este punto requiere un nivel de comprensión y amor sin juicios desde una visión imparcial y de escucha profunda.

En general, al hablar de los rasgos que se identifican en otro al hacer una interpretación de rostro, la gente utiliza el término *personalidad*, que, según el autor que lo utilice, tiene diferentes acepciones. Una que me parece práctica y de fácil comprensión es la de Robbins,[2] quien la define como "la suma total de las formas en que un individuo reacciona e interactúa con otros y que es determinada por: la herencia, el ambiente y la situación". Estos tres conceptos me llevan a relacionar la personalidad con el mundo exterior y el campo de la psicología. Es desde esta definición que es importante tener presente la diferencia entre ser y tener que he mencionado anteriormente, y que quisiera exponer antes de pasar a la numerología.

Al aplicar evaluaciones es muy común hacer una lectura de rostro o una carta numerológica, escuchar que la gente dice: "Fulanito o fulanita es una persona…", o "Yo soy *x* número", lo que me obliga a efectuar una distinción de extrema relevancia: la persona tiene cierta característica o rasgo (de personalidad) o no, y *una característica* no *es la persona*, por lo que no es lo mismo decir "Esta persona es tímida" a "Esta persona tiene una tendencia a la timidez".

Hay dos razones por las que me parece de suma importancia hacer esta distinción: la primera es porque cuando uno tiene el conocimiento para poder interpretar a otro a través de una herramienta o técnica, como las evaluaciones psicométricas, las llamadas pruebas proyectivas, la grafología, la numerología, el *coaching* y sin duda la lectura de rostro, también tiene la responsabilidad de cuidar de la autoestima de quien consulta. De ahí que cuando enseño el uso de cualesquiera de esas técnicas hago particular énfasis en interpretar desde los

---

[2] S. P. Robbins (2003), *Comportamiento organizacional*, Prentice Hall, 10a. edición.

rasgos, es decir, "la persona *tiene* una tendencia a…", en lugar de decir "*es* una persona que…"; al decirle a la persona que *es*, o uno mismo decirse "soy…", se genera una identidad que puede operar como limitante. Así que, en contraparte a la personalidad, asocio la identidad al mundo interior, y el que pertenezca a otro mundo la separa de la psicología y por ende la incluyo en el mundo del desarrollo humano. De esta forma podemos decir que, al pertenecer al mundo interior, es un tema de desarrollo humano, mientras que la personalidad lo es de la psicología y pertenece al mundo exterior. De esta distinción entre el ser (identidad) y tener (personalidad), de la dualidad del mundo interno y el mundo externo, es que la lectura de rostro funciona, y la numerología no es la excepción y aplica este principio. El número representa una energía interna que permite describir cierta orientación en las tendencias y necesidades que se manifiestan externamente en los comportamientos y palabras que se usan.

NUMEROLOGÍA (N)

Antes de entrar en el tema de qué es, compartiré cómo es que llega a mi vida y el cambio que esto me significó.

El año 2004 trajo cambios importantes para mí. Uno de ellos fue el descubrimiento de la numerología. En esa época me encontraba pasando por crisis en varios aspectos de mi vida, y un día que caminaba por la ciudad pasé por una librería y me detuve ante un libro que decía: "Conózcase a través de los números; la numerología, una herramienta de autoconocimiento". Como desde aquel entonces trabajaba con el autoconocimiento, me detuve y empecé a hojearlo; por supuesto, acabé comprándolo.

Participaba en un segmento de televisión sobre desarrollo humano, y cuando se atravesó Semana Santa, me habló la conductora para preguntarme si podíamos grabar algunos programas para cubrir las vacaciones, a lo que dije que sí. Esa noche, al llegar a mi casa, me di cuenta de que aún no había preparado nada para el día siguiente, y de pronto apareció ante mí el libro de numerología que había comprado. Así es que me dije: "Pues hablo de numerología, al fin que es desarrollo".

Sin saberlo, estaba comenzando a construir un camino que desde entonces he seguido cada vez con más agradecimiento. Mi segmento de desarrollo humano se transformó en uno de numerología y debo decir que poco más de un año completo viví de ella, ya que la gente que me veía en el programa me generó actividad laboral e ingreso, lo que fue el primer paso para dejar atrás la crisis por la que atravesaba y empezar a vislumbrar que los caminos por los que uno aprende son varios y a veces inesperados. Fue definitivamente un cambio en mi forma de ver e interpretar la vida.

Históricamente, el primero en llamarla numerología fue Pitágoras; es justamente él quien la plantea como una explicación fundamentada, lógica y sustentada. Pitágoras era un hombre que viajaba, y en alguno de estos recorridos se enfocó en el estudio de los números en el Oriente; sumado a su propio interés por explicar el cosmos numéricamente, esto lo llevó a hablar de un *tratado de los números*, de donde surge, además de su famoso teorema, lo que denominó *la música de las esferas*. Ésta se construye al asociar a cada planeta con una vibración y un número como parte del orden del Universo, que era lo que pretendía explicar y que después relaciona con la vibración de las letras en correspondencia también con un número como parte de, según él, la armonía del Universo y las leyes de la naturaleza. De aquí se desprende lo que hoy denominamos numerología.

En mi caso, un día le explicaba a una niña de entonces diez años cómo era la numerología. Le pregunté si hablaba inglés y me dijo que sí, que lo estudiaba en la escuela, así que usé ese paralelo para decirle: "Bueno, pues los números son un idioma; es igual que como aprendiste a hablar en inglés. Sólo hay que asimilar el significado de las palabras, en este caso de cada número, y una vez que conoces qué significan, las sustituyes. Así que ahora, ¡vamos a hablar en números! ¿Te parece?". Por supuesto, su respuesta fue que sí y la asimilación que tuvo de su energía me sorprendió a mí misma.

Desde esta perspectiva, invito a los menos crédulos en técnicas esotéricas a permitirse entrar en el mundo de la simbología, o en todo caso a aprender a hablar en números, para lo que cada capítulo nos servirá como diccionario de significados. En este libro te planteo la numerología con la interpretación de distintas acepciones, según la ubicación de cada número en tu vida. Encontrarás el que conforma tu misión de vida o número de destino, que a su vez incluye los números de alma, de karma, y el talento o regalo divino, que es el don que cada uno tiene. Los números son energía y por tanto vibran; su vibración puede ser positiva o negativa. El conocimiento de esta energía nos permite usarla a favor, para nuestro propio crecimiento y desarrollo interno.

Nuestro regalo divino siempre vibra en positivo y es la primera energía que nos ayuda a transmutar la de nuestro camino de vida; por otro lado, si la energía vibra en negativo, debemos mantener en mente que es energía, que sólo se transforma. Esto nos da oportunidad de reconocerlo y empezar a realizar acciones para modificar esa negatividad.

¿Qué es?

La numerología es una herramienta de autoconocimiento y Pitágoras le dio bases: decía que los números son la expresión y/o representación gráfica de las energías que hay en el Universo. Es la disciplina que estudia la vibración energética de los números y su influencia sobre personas, empresas, animales, objetos, etcétera.

Existen distintas numerologías que parten de los principales y más antiguos alfabetos, como el sánscrito (numerología tántrica), el judío (numerología cabalística), el griego (numerología pitagórica), o el hindú (numerología hindú). Cada una de ellas describe una perspectiva de nosotros y la interpreta desde la cultura que le da origen.

Me gusta pensar en cada número como representante de una energía determinada, y en esta como una moneda, es decir, con dos caras. De esta forma, el número en cuestión opera como energía positiva o como energía negativa en cuanto a polaridad y no como una cuestión moral; he aquí la dualidad de la que hablaba anteriormente. El manejo de esa energía, cuando se usa positivamente, conlleva un desarrollo de la persona, y cuando no es adecuado, lo estanca. Este estancamiento equivaldría a tener un coche atascado en el lodo: entre más aceleramos, más nos hundimos. Es importante identificar qué energía se tiene y cómo la estamos vibrando, porque independientemente de que sea positiva o negativa, esa energía se tiene y siempre es mejor canalizarla a favor.

En realidad, el entendimiento de esto tiene que ver con dos de los principios universales: el de vibración y el de opuestos. Todo vibra, todo se mueve, y la numerología opera desde este principio: es energía, vibra, se mueve tanto como la luz, el sonido o una piedra cuando la aventamos al agua y genera ondas que se expanden del centro hacia afuera; así vibra la energía de los números y esta nos rodea. En cuanto al principio de los opuestos, es como las dos caras de una moneda, así es todo; para que exista algo, existe su opuesto. Son los opuestos los que dan el equilibrio, es la dualidad *ser-no ser*; por ejemplo, en el caso del número uno, en lo positivo representa autonomía, independencia, mientras que en lo negativo representa ego y soledad, y sin embargo es la misma energía; todo depende de cómo la vibremos.

De esta forma, podemos ver en la numerología una herramienta de acceso a nuestra propia energía; conociéndola, podemos canalizarla hacia el propio desarrollo y crecimiento e identificar que, después de todo, ¡los números hablan!

¿Cómo funciona?

A partir del nombre completo de una persona y su fecha de nacimiento se puede descubrir su personalidad, sus talentos naturales, sus comportamientos, sus desafíos espirituales, su destino y el camino por el que transitará para cumplirlo. También permite explorar la vibración energética que cada uno de nosotros emanamos. Estos datos determinan los números que tenemos y cómo influyen y vibran en cada uno de nosotros.

Esto nos da un cierto nivel tanto de autoconocimiento como de autoconciencia, aunque como he mencionado en otros escritos, saber no es suficiente para desarrollarse; hay que estar dispuesto a hacer para ser, y la numerología nos indica qué hay que hacer y cómo, lo que desde mi visión facilita el camino.

A partir del nombre, apellidos y la fecha de nacimiento se obtienen nuestros números; la posición de cada uno nos permite identificar qué energía tenemos en ese aspecto. Al respecto me permitiré hacer un reparo para decir que *no somos un número*, tenemos números y no es uno solo; somos una combinación de energías, por lo tanto, una combinación de números. No obstante, al que más peso se le da es al de la *misión de vida*, que responde a la pregunta "¿A qué vengo a esta vida?" y que se obtiene como resultado de la suma de la fecha de nacimiento. Los números de cada persona se concentran en una *carta numerológica*, que es una especie de mapa que le permite a una persona identificar necesidades, retos, herencias, lecciones de aprendizaje, personalidad, potencial y ciclos de vida; entre otras cosas.

Por otro lado, también me resulta importante considerar la cantidad de veces que se repite un número en la propia carta, porque esto refuerza la energía que ese número representa y a veces el reto es aprender a disminuirla, ya que, como con todo exceso, al haber demasiado de algo la tendencia será hacia una carga negativa. Visualizo este concepto como tener saquitos o costalitos, cada uno con un número de los nueve a los que se reducen las cifras, y a medida que aparece un número en la carta numerológica, se va llenando el saquito correspondiente, lo que nos permite identificar la cantidad de energía que hay en cada uno, qué tipo de energía es, qué "saquitos" están más llenos, cuáles menos o están completamente vacíos.

En cada capítulo encontrarás el significado de un número, y en el Anexo 1 hallarás una síntesis de significados de cada uno. El 1 supone apertura de ciclos, mientras que el 9 implica que se cierran. En numerología, todas las cifras se reducen a un dígito: si la comparáramos con un proceso vital, podríamos entonces pensar en los números del 1 al 9 como una línea de vida (Figura 1), similar a la que muestro a continuación:

Figura 1. Línea de vida con los números

0	1	2	3	4	5	6	7	8	9	10	11

El orden de los números lleva implícito una mayor o menor evolución; según su posición en la línea, es como si los aprendizajes fueran acumulativos y el 9 ya englobara los incluidos del 1 al 8, mientras que el 2 únicamente contiene los aprendizajes del 1, y así para cada caso.

Como se puede apreciar gráficamente, el 0 precede al 1, lo prepara, lo gesta; éste inicia y el 9 concluye. Si bien sigue el 10, al reducirlo a una cifra tenemos un 1 cuya energía es más fuerte que la del primero, ya que contiene al 0, y literalmente no es lo mismo iniciar de 0 que a partir de la experiencia, por lo que al 10 le llamo reinicio. Dado que el 0 es una concentración de energía, es como un embrión que potencia el número que tiene al lado: en este caso el 1. En la numerología tántrica el 10 se considera como tal, sin reducirse a un dígito, y esto implica la propia luz, el brillo. El 11 se considera un número maestro; gráficamente corresponde a dos postes, que equivalen a un portal o una entrada; junto con el 22, les corresponden a las almas viejas, cuya tarea personal generalmente es conectar hacia adentro con su ya adquirida sabiduría, de ahí que sean números que correspondan a personas sabias. Esta sabiduría ancestral y profunda se pone a prueba en quienes tienen esta energía como misión de vida, ya que su desarrollo implica conectar con ella, y por lo común genera confusión, haciendo que quienes la poseen vivan en conflicto. Esto se entiende si ubicamos que su energía vibra en el polo negativo. Las energías del 11 o del 22 vibran con los aspectos negativos del 2 o del 4, respectivamente, que resultan de reducir a un dígito el 11 (1 + 1), o el 22 (2 + 2); sin embargo, por su naturaleza de números maestros no se reducen a un dígito. El hecho de que se reduzcan no implica que pierdan la fuerza de su vibración, de ahí la magnitud de la confusión y el conflicto que generan. Fuera de estas dos excepciones, todos los números se siguen reduciendo a una sola cifra. Si seguimos con nuestro ejemplo de la línea de vida, el 1 equivaldría a un bebé que inicia su senda y tiene todo por comenzar, mientras que el 9 equivaldría a un viejito sabio y con experiencia porque ha recorrido todo el camino.

En resumen, la numerología funciona a partir de entender que los números son energía, que conocerla nos permite utilizarla a favor y que diferenciar entre *ser* un número y *tener* una energía supone una distinción importante.

NUTRICIÓN DEL ALMA (NA)

No creo en las casualidades, y llegar a formarme una identidad laboral como nutrióloga del alma surgió de un cúmulo de cosas que fueron sucediendo y sumándose sin que me diera cuenta, hasta que un día se me presentó la nomenclatura como respuesta a estar preguntándome: "Si no quiero ser psicóloga (clínica) o terapeuta, ¿qué quiero ser?", cuestión que me surgía a raíz de retomar mi quehacer como *coach*, donde recibía a menudo exclamaciones como: "¡Qué buena terapia!", "Hoy avancé más que en tres años en la terapia en que estaba, esta es mejor", "A partir de ahora eres mi psicóloga".

Como te decía, creo que la moneda siempre tiene dos caras y todo es un asunto de perspectiva. Yo no quería entonces, ni ahora, ser vista como terapeuta o como psicóloga clínica. Desde hace muchos años me he dedicado a la docencia y a impartir conferencias, talleres y cursos, con la visión de apoyar, aportar y sumar a la gente para que logre hacer cambios y transformaciones en su vida.

A lo largo de este tiempo he desarrollado conceptos y analogías de la vida cotidiana para explicar algunos temas; sin embargo, creo que la historia no empieza ahí. Quizá deba comenzar por decir que estudié psicología y que al término de cada conferencia o taller que imparto, algunas personas se me acercan y me cuentan lo que ese tema aporta a sus vidas o de algo de lo que se dieron cuenta, y acto seguido escucho muy frecuentemente: "¡Ah, claro! Es que usted es psicóloga, ¿verdad?", a lo que suelo responder con un "Sí, así es", una sonrisa y un pensamiento no expresado que dice: "Sí, estudié psicología, aunque siempre me he dedicado a lo organizacional; no es la psicología lo que me da estos conocimientos, es la vida. Si yo hubiera sabido esto por estudiar psicología, quizá mi vida hubiera sido otra desde hace más de veinte años".

Siempre he creído en los tiempos del Universo, antes más inconscientemente, y ahora consciente de que las cosas pasan en el momento preciso: ni antes ni después. A esto se le denomina *epigénesis*. El hecho es que me parece que, sin saberlo, dos elementos se conjuntaron y me llevaron a la psicología: el primero, una vocación que desde niña me decía y me hacía decir que cuando fuera grande quería ser maestra; el segundo, que llegué a la psicología más como un descarte de otras carreras que quería estudiar. Un día, al acompañar a una amiga a una plática de orientación vocacional en una universidad, mientras ella entró a la que le interesaba, yo entré a otra a la misma hora y resultó ser de pedagogía; debo decir que, sin saber lo que iba a encontrar, ¡me encantó!, y empataba con mi deseo de ser maestra; sin embargo, estaba muy enfocada a la educación de niños y yo quería trabajar con adultos, así que al terminar pregunté qué otras carreras podría estudiar para lograrlo. Me hablaron de la Psicología Organizacional, en el área de capacitación, y así empecé a buscarla en diferentes universidades. Mis pesquisas me llevaron a la UAM-Xochimilco, y al ir a pedir informes, entre lo primero que me dijeron fue que el plan de estudios ahí era "modular", que no se hacía tesis y ahí parece que yo ya no escuché más, me dije: "De aquí soy, ¡genial, no hacer tesis!", y claro, lo que no escuché fue que para concluir cada "módulo", equivalente a un trimestre, se entregaba una investigación y que no había Psicología Organizacional, sólo Social y Educativa como áreas de especialización. Así que, fue cierto, no hice una tesis sino varias, una cada trimestre, y esta formación aportó a mi vida la investigación, el no quedarme con lo que ya existe, y en cambio buscar otras formas u otros enfoques sobre un mismo tema y quizá más opciones.

Decía que no quería ser vista como terapeuta y esto responde a tres cosas. La primera, que me mantuvo como psicóloga organizacional, era pensar que yo no quería vivir de sentarme a escuchar los problemas de otros y eso me alejó del enfoque clínico de la psicología. Por otro lado, entendí que donde uno pone la atención, pone la energía, y yo no quería, ni quiero, ponerla en los problemas, en los síntomas, en el malestar o en buscar razones de lo que ya fue, como hace la terapia. Y tercero, el término *paciente* me resulta pasivo, asociado con la espera, y me parece que acudir por ayuda es justo lo opuesto, lo considero un asunto de acción para quien busca dicha asistencia. De modo que el término *coachee* o, en el último de los casos, *cliente*, como lo denominaba Rogers,[3] me parecen más acertados.

Así, decidí que en lugar de poner mi atención en los problemas o malestares y los pacientes, quise ponerla en las posibilidades, las soluciones y en lo que las personas quieren conseguir y están dispuestas a hacer, más que en lo que quieren dejar.

Tengo muchos años, más de treinta, impartiendo pláticas, conferencias y cursos desde distintos puntos de vista y, sobre todo, con la intención de nutrir el espíritu. La autoestima (mundo interior) y la actividad laboral (mundo exterior) son el alimento de nuestro espíritu, que se nutre básicamente

---

[3] Carl Rogers, psicólogo de la tercera fuerza (años sesenta), autor y creador del enfoque terapéutico "centrado en el cliente".

de nuestros pensamientos, nuestras palabras, nuestras emociones, nuestras acciones y nuestra forma de generar dinero. La calidad de estas cinco cosas es lo que fortalecerá el espíritu o lo marchitará.

A partir de este concepto del espíritu como planta que hay que alimentar es que comencé a hablar de nutrición, a lo que sumé mi enfoque hacia lo saludable y a lo que se quiere lograr, lo que me llevó a plantear en mis cursos las reflexiones: "¿Cómo alimentas tu espíritu?", ¿De qué te nutres?", interrogantes planteadas al hablar de autoestima o del equilibrio de vida en esas áreas, y desde entonces me considero *nutrióloga del alma*.

Ana Coudurier escribió un libro sobre terapia de regresión a vidas pasadas. Allí planteó una diferencia entre alma y espíritu de la que me he apropiado. Explica que nuestra alma es como una espiga de trigo y que cada espiguilla equivale a una vida, de tal forma que el espíritu corresponde a la vida en curso, mientras que el alma acumula los aprendizajes, vivencias y conocimientos de todas las vidas por las que hemos transitado. De ahí que yo identifique al espíritu como el "fantasma" que vemos en las películas que es igual a nosotros y que sale de nuestro cuerpo; digamos que este espectro es una espiguilla de la espiga de trigo, que es el alma, y se va a sumar a ella aportando lo transitado en esa vida en particular. Por otro lado, de Lise Bourbeau y de Enric Corbera retomo temas acerca de que las enfermedades en realidad son desequilibrios de lo emocional o mental que se manifiestan en el cuerpo, sobre lo que ahondaré en el capítulo 3. De Corbera también tomo conceptos que tienen que ver con lo transgeneracional y elementos que él construye desde su teoría de la bioneuroemoción y la biodescodificación, mientras que del *Kybalión* rescato las siete leyes del Universo, de lo que hablaré en el capítulo 8.

Desde esta concepción de alma y espíritu, a cada persona le corresponde nutrir su espíritu, lo que es una labor interna y, como mencioné anteriormente, se hace, desde mi perspectiva, a través de la autoestima y la actividad laboral, que consciente o inconscientemente son resultado de nuestros pensamientos, emociones, palabras y acciones, fortaleciendo esa planta interior o no. La nutrición del alma provee, además de una vida saludable, de vínculos y herramientas a las personas para que refuercen decisiones y enfoques de vida, ayudándoles o aportándoles una gama de posibilidades que ellas van descubriendo y reconociendo y que van impactando tanto en su autoestima como en la forma en que se ganan la vida. Sanar y nutrir el espíritu inherentemente conlleva la nutrición del alma.

¿Qué es?

Lo primero que diré al respecto es que es un tema de salud, al igual que la nutrición física, que si es adecuada y conforme a nuestro estilo de vida, nos tiene balanceados, fuertes, sanos, delgados (entiéndase menos pesados, o para el caso más ligeros); y este sólo es un tema de hábitos y elecciones.

Lo segundo que diré es que es un asunto de acervo; es decir, si se tiene la vida que se tiene y los resultados que se obtienen son dados a partir de las decisiones y acciones que se llevan a cabo, entiendo que esto pasa debido a que se usan los recursos que se poseen y que con ellos se hace lo mejor que es posible. Aunque a veces esos recursos no son suficientes, lo fueron para llegar hasta donde estamos; sin embargo, si uno se quiere mover de lugar, ya no lo son más y a veces éste es el momento de pedir ayuda. De ahí que el enfoque de la nutrición del alma equivale a nutrir el cuerpo e ir con un nutriólogo.

Esta visita al especialista seguramente estaría motivada, la mayoría de las veces por bajar de peso, sabiendo que por mi cuenta no podría lograrlo. Más allá de bajar de peso, la pregunta es: ¿para qué quiero reducir tallas? La respuesta a esto es lo que me mantendrá en el camino de lograrlo o no. El concepto de una buena alimentación que nutra no implica dejar de comer, sino hacerlo balanceadamente; no implica quitar alimentos, sino sustituirlos. Lo que hace el nutriólogo es mostrarnos qué pasa con lo que comemos actualmente, y nos provee listas de alimentos permitidos y prohibidos; la elección de qué comer se vuelve nuestra. Por otro lado, el nutriólogo nos ayuda con menús que incluyen alimentos que no estaban en nuestra dieta; finalmente, va dando seguimiento, midiendo nuestros resultados, y nosotros somos responsables de incorporar a nuestras vidas la dieta y seguirla o no.

La nutrición del alma parte del mismo principio, y hacemos lo mismo con la planta interna, aunque, como no la vemos, no somos conscientes del peso que a veces tiene o de lo mal alimentada que está, de tal forma que el primer paso es hacer conciencia de que si uno no está donde quiere, es necesario buscar ayuda. Entonces, primero se hace un diagnóstico de la alimentación que se tiene; es decir, las emociones, las creencias, cómo es el sistema donde se encuentra la persona, qué decisiones y qué acciones toma, qué conversaciones tiene y cuáles no, con quiénes se relaciona y cómo, quiénes forman su círculo afectivo cercano y cómo son estas relaciones. La idea es desplegar un menú de posibilidades para que la persona incremente su acervo con mayor vocabulario, con cambios en sus pensamientos, en sus emociones y por ende en sus acciones, lo que ampliará sus recursos y le permitirá responder diferente a las situaciones que quiere resolver y así incrementar su posibilidad de ser quien quiera ser y vivir como desee su propia vida, sin seguir las pautas que alguien más quiera establecer.

La nutrición del alma, como un tema de salud, se enfoca y pone la energía en el potencial de una persona. Rolando Toro, creador de la biodanza, decía que las personas somos como semillas, y que uno nunca sabe el potencial de crecimiento que puede tener y todo lo que puede surgir de esa semilla. Retomo ese enfoque en el tema de la nutrición del alma; para mí, adicionalmente, es un concepto sobre desplegar las propias alas para emprender el vuelo hacia lo que uno verdaderamente quiere hacer, tener y ser en la vida.

Hace poco, al explicar esto, decía que nutrir el alma es sanar y una terapeuta me respondió: "¡Ah! Entonces sí es un tema de enfermedad, si no ¿qué sanas?". Yo respondí que no necesariamente porque, por ejemplo, cuando nos cortamos se nos hacen heridas que deben sanar, pero tener cortadas no implica estar enfermo. Así es como conceptualizo la nutrición del alma: La comprensión, el acervo y la posibilidad de vivir emociones más allá del enojo y la tristeza —las más comunes en quienes necesitan nutrirse diferente— nos ayudan a sanar las huellas que han dejado algunas heridas, a generar pensamientos de posibilidades, opciones, motivos de agradecimiento y a enfocarnos en lo que hay, en lugar de en lo que falta; a tomar decisiones y acciones, cuya falta nos mantiene en la victimización, en lugar de hacernos responsables de nuestra planta interna, de nuestra propia vida.

Entiendo la nutrición del alma como un tema de desarrollo humano, y aquí la distinción respecto del desarrollo personal quizá parezca obvia; sin embargo, con la intención de establecer el enfoque que utilizo y de asentar qué es, me resulta importante resaltar ambos términos.[4]

¿Cómo funciona?

Lo primero que me viene a la mente al pensar en cómo funciona, es esta idea del nutriólogo identificando qué come y qué

---

[4] En el desarrollo personal identifico que cada persona se desarrolla en edad, en costumbres, en hábitos; llega a la madurez (mundo interno) y la adaptación (mundo externo), y no necesariamente asume una sensación de bienestar o de felicidad, simplemente hace lo que aprendió a hacer. Desde este enfoque, la persona puede implementar cambios en su forma de hacer las cosas; sin embargo, sus recursos permanecen iguales y desde ahí no se puede tener una transformación desde el alma. Por otro lado, el desarrollo humano, además de parecerme un concepto más de especie, de inconsciente colectivo, también se me antoja un asunto de asumir la responsabilidad y el coraje que implica vivir la propia vida en las condiciones que se desean desde el corazón y el alma; sin prejuicios, sin victimización. Desde ahí identifico que, para lograrlo, necesariamente el acervo y los recursos necesitan ser otros, y al incrementarlos la persona se potencia y empieza a germinar la planta interior, impulsando un cambio desde adentro que no sólo va a transformar su propio mundo, sino el de quienes le rodean. Me parece que el desarrollo personal se refiere al mundo exterior, aun cuando conlleve un proceso individual interno que cambiará las acciones, aunque no necesariamente sólo eso, mientras que el desarrollo del ser humano se refiere al mundo interno, ya que implica cuestionar el sistema de creencias que se tiene y por ende confrontar la propia historia, a su familia y su sistema, factores en sí que no le permiten moverse de donde está.

no está comiendo la persona que acude a él; esto en términos generales es un diagnóstico que permite identificar claramente de qué se está alimentando uno.

El espíritu se nutre de lo que pensamos, lo que sentimos, lo que decimos y lo que hacemos. Hablar es una acción, y si concebimos al espíritu como parte del alma, todo lo que lo nutra repercute en ella; por ende, las palabras que usamos o elegimos tienen una importancia de la que pocas veces somos conscientes.

A propósito de la importancia de lo que decimos, hay que elegir nuestras palabras. Los vocablos que pienso inmediatamente sustituir por su carga semántica son: 1) *trabajo*, que proviene del latín *tripaliare*, que procede a su vez de *tripalium*, yugo formado por tres palos, usado para amarrar a los esclavos y azotarlos, por lo cual en este libro usaré *actividad laboral*[5] para el mundo externo, y las palabras *desarrollo* o *labor* para el mundo interno; 2) *pena*, como en la frase "¡Valió la pena!", expresión común, usada para expresar satisfacción por algo que logramos y que nos da alegría; así que si es una alegría y motivo de festejo, ¡¿qué lo hace una pena?! Es mejor sustituir *pena* y decir: "¡Valió el esfuerzo!", "¡Valió la desmañanada, la desvelada, la manejada, el traslado, la espera…!", en fin, lo que haya implicado, que seguramente no será una pena; 3) me gusta sustituir el concepto de *venta* por *comercial*, y *vendedor*

---

[5] La etimología de *laboral* también proviene del latín *labor* y este de la raíz indoeuropea *leb*, cuyo significado es *colgar*; se asocia con el término *esfuerzo* (acción de poner ahínco), palabra formada con el prefijo *es~* (*ex*: externo, hacia afuera) sobre el verbo forzar —que viene de fuerza, *fortis*, palabra que en la física se utiliza para expresar la capacidad de modificar la forma o estado de reposo de un cuerpo— y el sufijo *~o*, acción y efecto.

por *persona*, *agente* o *ejecutivo comercial*, ya que la connotación que actualmente tiene el término *venta* lo ha devaluado y genera cierto rechazo; y 4), la palabra *pero*: ya que su uso invalida lo dicho anteriormente, es mejor sustituirla por *y*, o cuando es una contrapostura, por *aunque*; al expresar *pero*, nosotros mismos invalidamos.

Comer sin grasa y ensaladas es una imagen que me surge para ejemplificar esto de que nutrir el espíritu repercute en la nutrición del alma: tal alimentación no sólo le hará bien a nuestro estómago y sistema digestivo, sino que repercutirá en la salud general de nuestro cuerpo y su peso. Lo mismo pasa a nivel interior: si nuestro espíritu se nutre, nuestra alma se verá beneficiada.

Dado que nutrir el alma es un tema de salud, el primer punto para desarrollar esta salud álmica es la conciencia. Se requiere ser consciente de nuestros pensamientos, palabras, emociones y acciones para reconocer que se puede mejorar y ser feliz, desde el alma.

Aunque sé que el concepto de felicidad[6] es muy abstracto, ambiguo y en todo caso subjetivo, al respecto diré que para mí es un estado de conciencia que nos permite estar en el aquí y ahora, en el presente. En mis términos diría: "en mí y conmigo", un espacio de tiempo en el que somos capaces de ver lo que tenemos, lo que hay, agradecerlo desde el merecimiento, sin peros, sin buscar el "negrito en el arroz"; simplemente en aceptación de que si a nosotros llega es porque es nuestro, ya sea que lo hayamos generado o nos regrese como

---

[6] En el siguiente capítulo retomo el término con la connotación que le da Erich Fromm.

resultado de la ley de reciprocidad, y de que merecemos ser felices. También hay que entender que esto no sólo opera con la felicidad, es decir, con lo que nos gusta o no, sino a favor o en contra; en ambos casos, sólo es resultado de lo que nos corresponde. Esto, al igual que las otras leyes del Universo, opera seamos conscientes de ello o no; por eso serlo nos permite desarrollarlo a favor.

Más allá de lo que Pitágoras decía acerca de que el número es la representación de las leyes del Universo, es importante entender que *todo* en el Universo se reduce a dos cosas: materia y no materia. Dado que somos réplicas del Universo, también somos materia y no materia. Nuestro mundo exterior es la materia generada a partir de nuestro mundo interior, que es no materia.

Entender este principio es desde donde opera la nutrición del alma. Todo, absolutamente todo lo que hay en nuestro mundo, lo construimos nosotros y toca a cada uno hacerse cargo de lo que ha generado, o elegir cambiarlo. El cómo lo explicaré en el capítulo 8.

A continuación te hago una lista de alimentos permitidos por el nutriólogo:

1. El Universo tiene leyes,[7] conocerlas y operar conforme a ellas nos permite una vida diferente.
2. Lo que crees, creas.

---

[7] En el capítulo 8 encontrarás las siete leyes del Universo explicadas en el *Kybalión*; adicionalmente, a lo largo de esta obra iré mencionando algunas otras con la finalidad de que puedas ir identificándolas. En el Anexo 3 encontrarás un listado de ellas.

3. Ten cuidado con lo que deseas (seas consciente de ello o no): se cumple.

4. Lo que ves en otros habla de ti, es tuyo; no hay manera de ver algo que no se conoce, si lo ves afuera es porque está dentro de ti.

5. Si tú cambias, tu mundo cambia.

6. Lo que le deseas o haces a otro, a ti regresa. Si eres una fuente generadora, el Universo encuentra el equilibrio en ti. A toda causa corresponde un efecto.

7. Tu mundo exterior sólo es un reflejo de tu mundo interior; si lo que ves no te gusta, seguramente tampoco lo que no ves. Es literalmente un espejo de nuestro interior.

8. Si te vuelven a pasar las mismas cosas una y otra vez, quiere decir que tienes los elementos para hacerlo diferente, aunque como sigues haciendo lo mismo, el Universo interpreta que no has aprendido la lección y pone ante ti la oportunidad de hacerlo de nuevo.

9. Uno es el único responsable de su propia vida, no aceptarlo es volverse víctima de ella.

10. Una habilidad se desarrolla haciendo algo muchas veces, y hacerlo muchas veces nos vuelve expertos, incluso en ser víctimas.

11. Si desarrollar cualquier habilidad depende de cada uno, lo mismo pasa con la generación de dinero. ¿Cómo es que no se podría?

12. Atraes lo que tienes y a lo que le tienes miedo.

13. Desarrollar tu autoestima es fortalecer tu identidad.

14. El tiempo es vida, ¿a qué lo dedicas?

15. Todo tiene un ritmo.

16. Los opuestos hacen el equilibrio.

17. Todo vibra, todo está en movimiento, nada permanece inmóvil.

18. La vida es algo que cada uno crea, no algo que sucede.

19. Sustituye el "no puedo" por "no quiero", y la pregunta es: ¿para qué querrías?

20. Cada quien está donde se puso.

21. Siempre hay dos opciones: quedarte donde estás, o cambiar.

22. Cambiar implica tomar decisiones.

23. Toda decisión tiene consecuencias.

24. Decidir es hacerse cargo de las consecuencias, y por tanto de tu vida.

25. Por instinto, nadie permanece en algo que le hace mal o daño. Si estás en una situación que no te gusta y no te hace bien, pregúntate: ¿qué beneficio obtengo de esto que no quiero dejar?, y ¿vale el pago que hago al no obtener otra cosa por seguir aquí?

26. Busca el conocimiento a través de la meditación y este te será dado.

27. La respuesta a *todo* siempre está dentro de ti.

28. La vida no siempre nos da lo que queremos, aunque siempre lo que necesitamos.

29. Si algo llega a ti (lo que sea), es tuyo, agradécelo.

30. Soltar desde el amor, el agradecimiento y el perdón, nos permite tener las manos libres para recibir lo que el Universo nos tiene deparado.

31. Si te llega algo que querías y no lo agradeces o reniegas de ello, el Universo te lo quita.

32. Comer a tus horas y sanamente es un acto de amor; no hacerlo es una autoagresión.

33. Bendecir te dará más de eso que bendices, es el camino a la prosperidad y abundancia.

34. Poner nuestra atención en algo lo energiza, la intención lo transforma.

35. Cerrarte para que no te lastimen cierra en ambos sentidos: no sólo evitas que alguien acceda a tus emociones, también te bloqueas de sentir a otro.

36. Si las emociones no fluyen, es como el agua que no se cambia en un florero, se pudren.

37. El mismo principio aplica al dinero.

38. El dinero es consecuencia, jamás causa.

39. El dinero es la materialización de nuestro propio desarrollo; no podemos tener más que el que este nos permita.

40. El dinero es energía, por lo tanto lo atraemos según la nuestra, o no.

41. El nivel de nuestros ingresos es directamente proporcional a nuestra actitud.

42. El éxito en tu vida es proporcional a la confianza que deposites en ti para lograrlo.

43. Lo que ha sido hasta ahora (incluido lo que digas que tú has sido), puede no seguir siendo, puede ser diferente. Tú puedes ser quien quieras ser.

44. Si algo o alguien se aleja de tu vida es porque lo pediste, porque ya no vibran en la misma frecuencia o porque aprendiste la lección, en cualquier caso: agradece y bendice que haya salido de tu vida.

45. Es importante mantener un equilibrio entre dar y recibir; sólo dar o sólo recibir desequilibra la balanza del Universo. Aprender a dar y recibir es reconocer que cuando doy valoro al otro, y cuando recibo me valoro a mí mismo.

46. La culpa siempre es de otro, ¡listo!, y la responsabilidad siempre es de uno.

47. Las cosas pasan porque uno las permite.

48. La manera en que tratamos a otros es exactamente la manera en que nos tratamos a nosotros mismos.

49. La palabra *pero* invalida lo que se dijo anteriormente, en su lugar es mejor usar *y*.

50. Es importante cuidar de quién o de qué nos nutrimos, y lo es mucho más cuidar ser nosotros nutrición para el otro.

51. Cuando estés convencido de que las cosas son de una determinada forma, pregúntate: ¿y si no? Aplica en sentido inverso; si te dices firmemente "no se puede", pregúntate: ¿y si sí?

52. El Universo siempre está a tiempo.

53. Si lo que terminó fue bueno, lo que viene será ¡*es-pec-ta-cu-lar!* Prepárate para ello...

Estos son algunos principios que funcionan para empezar a generar la conciencia necesaria y cambiar nuestra alimentación interior, haciéndola verdaderamente nutritiva y rica. En mi perspectiva es un tema de aprendizaje, es decir, hacemos lo que hacemos porque así lo aprendimos y porque esos son los recursos con los que contamos; sin embargo, al incrementar nuestro acervo se multiplican nuestras posibilidades de acción, lo que quiere decir que puedo aprender a hacer cosas diferentes y por tanto tener resultados distintos. Nuevamente, la nutrición del alma es un tema de acervo.

Estar a dieta no quiere decir dejar de comer, quiere decir comer balanceadamente y lo que el cuerpo requiera; es incrementar la variedad y el colorido de los alimentos con un acervo diferente de combinaciones, sabores, comida, colores y elementos. No son iguales la dieta de un bailarín, la de un deportista de alto rendimiento o la de alguien que tiene una vida sedentaria, así como no es lo mismo lo que come un niño que lo que come un adulto, o un adolescente en pleno crecimiento.

Visto desde el alma, no son iguales quien tuvo una pérdida que quien vivió sin uno o sus dos padres, o quien no se hace cargo de su propia vida. La variedad de posibilidades es amplia; sin embargo, se reduce al acervo que cada uno tiene para resolver esas situaciones de vida y lo que cada uno necesita, y cómo puede generar uno nuevo. Cada cual tiene heridas diferentes y por tanto la dieta no es la misma.

De tal forma, nutrirnos y alimentarnos sanamente, en cuerpo y alma, no es dejar de comer, es empezar a comer lo que nos hace bien, es sustituir aquello que no nos hace bien por aquello que nos nutre y que nos permitirá tener recursos para generar la vida que cada uno quiera, como la quiera. Nutrir nuestra alma es un tema de amor y de salud, y desde ahí funciona.

Al igual que en una dieta, la tentación de regresar a lo que ya se hacía sólo es un elemento de compromiso, o en todo caso de motivación. ¿Para qué querría uno bajar de peso? En este caso: ¿para qué querrías hacer las cosas de otro modo, para qué querrías un resultado diferente en tu vida, o para qué querrías estar en otro lugar? ¿Qué beneficio estás obteniendo con seguir donde estás? ¿De verdad estarías dispuesto a dejar ese beneficio y dejar de seguir siendo víctima?

Es importante que te hagas estas preguntas si verdaderamente quieres tener un cambio para ser feliz y vivir en el bienestar. Es relevante recordar que lo que hacemos mucho tiempo nos vuelve expertos, así que dejar tanto malos hábitos alimenticios como patrones negativos de comportamiento es un asunto de voluntad, de constancia, de motivación, de mantenerse en el presente y de entender que es un proceso, no magia, aunque lo parezca. El proceso inicia con preparar todo. Es como ir al súper, cambiar lo que hay en la alacena y el refrigerador, darse el tiempo de comprar, preparar, cocinar, poner la mesa y disfrutar de los nuevos alimentos. Este tiempo de preparación es el inicio de un proceso al que te invito para que tengas una mejor vida. Bienvenido a la lectura.

Capítulo 0. La gestación

La vida es un constante proceso, una continua transformación
en el tiempo: un nacer, morir y renacer.

Hermann Keyserling

Sí bien nutrir el alma es un acto de amor y de salud, requiere un tiempo de gestación, al igual que un bebé. Lo mismo que cambiar de hábitos alimenticios implica comprar cosas diferentes y cambiar el contenido de la alacena y del refrigerador, la gestación es preparar todo para que algo pueda iniciar. Es un acto de paciencia que se realiza sabiendo que lo que inicia llegará. No es algo que ocurra de un día para otro, es un proceso de aprendizaje; es como aprender a hablar un idioma: primero hay que familiarizarse con el vocabulario y después empezar a construir frases. La gestación implica un proceso.

En una forma menos básica, supone una entrada, una transformación y una salida con un resultado diferente a aquel con que se entró. Esto lo podemos ver en la naturaleza: el nacimiento de un bebé, la metamorfosis de una oruga a mariposa, el paso del día a la noche y viceversa.

Elegir entrar a un proceso de transformación requiere coraje y compromiso. Coraje para asumir los cambios que genere y compromiso para seguir adelante a pesar de uno mismo. Aquí entra en juego el ego, esa voz interna que ante la posibilidad de dejar de ser o estar donde estamos, empezará a decirnos: "No se puede", "¡Cómo crees que a estas alturas…!", "¡Sí, claro! Lo estás intentando, pero seguro regresas a…", "¿Para qué lo intentas?"; en fin, una serie de reclamos que se harán más fuertes para que no nos escuchemos, y es ahí donde la verdadera transformación sucede y necesitamos del coraje para no dejarnos.

En la medida en que el ego se dé cuenta de que es en serio y de que no estamos dispuestos a titubear, es como también aprende a vivir en silencio. Además, no se trata de intentarlo, se trata de lograrlo: ese es el compromiso. Cuando se empiece a escuchar esta voz, uno debe decir: "Muchas gracias por participar, esto también es nuevo para mí y ¡lo voy a hacer!, así que gracias por opinar". ¿Y qué implica esta gestación desde cada una de las perspectivas de este libro?

LECTURA DE ROSTRO (LR)
CATORCE GENERACIONES: ROSTRO, RASGOS Y VOCACIÓN

Te recuerdo que en cada capítulo del libro encontrarás este apartado y lo enfoco hacia qué representa ese elemento en nuestra propia nutrición del alma.

Desde la gestación hay que reconocer en la lectura de rostro una herramienta de autoconocimiento y desarrollo personal a partir de la autoestima, el reconocimiento de competencias propias y las de los demás, así como desde la comprensión y la construcción de relaciones a largo plazo tanto personales como laborales.

La cara es resultado de la repetición de nuestros gestos y en ella poseemos el conjunto de información genética de catorce generaciones que están en nuestro ADN, y que como resultado de lo interno se ven reflejados en el rostro; aunque si bien la genética y la biología hacen lo suyo durante la gestación en nuestro rostro y en nuestra información, también resulta interesante observar cómo la cultura, el clima, la raza, entre otros elementos, son factores que influyen en el tipo de rostro que tendremos y en los rasgos que nos caracterizarán.

El rostro que tenemos hacia el final de nuestra vida es el que nos hacemos. En general, podemos pensar que de los 0 a los 25 años tendremos el rostro que heredamos de las 14 generaciones que nos anteceden; de los 25 a los 40 el rostro que nos construimos, y esto lo hacemos mediante la repetición de gestos y de nuestras emociones. Se dice que de los 40 en adelante tenemos el rostro que nos merecemos, esto es, el que nos hemos construido por sonreír, fruncir el ceño, enchuecar la boca o no; es el que se ve reflejado de inicio en nuestro rostro. Después de 40 años no sólo hay genética, también hay experiencia y vida, mismas que dejan huella. En el rostro, finalmente, podemos identificar de forma más profunda la relación con el padre, la madre, las penas y alegrías, la persona que somos y la visión que tenemos del mundo, así como los cinco elementos de la medicina china (fuego, tierra, metal, agua y madera), cada uno representando características que se mencionan de forma muy general a continuación y que se identifican a través de los rasgos del rostro.

Fuego: Tienen rostro anguloso, con forma de diamante o triángulo; ojos picudos y hacia arriba, las comisuras de la boca hacia arriba; nariz picuda, pecas, cabello alocado y/o ondulado, agujeros en las mejillas. Representa la acción, la inmediatez al actuar, el sentido de urgencia y la capacidad de divertirse; esto se observa en los extremos de los ojos, las comisuras de la boca, la punta de la nariz, en el color de piel, en el cabello y en los agujeros de las mejillas. Algunas características de las personas con estos rasgos: son optimistas, espontáneos, íntimos, juguetones, fogosos, entusiastas, sonrientes, versátiles, despistados y magnéticos.

Tierra: Tienen la forma de la cara como trapecio. La mitad del rostro hacia abajo es más ancha, las mejillas sobresalen; la

boca es grande, el labio inferior más grueso que el superior; nariz y fosas nasales anchas. Representan la concreción, el arraigo, la nutrición; se observa en las mejillas (parte inferior), en los labios, fosas nasales, en lo ancho del rostro y en el tamaño de la boca. Algunas características de las personas con estos rasgos: son apoyadores, apapachadores, involucrados, con sentido maternal, dulces, preocupones, generosos, estables, lentos y predecibles.

Metal: El rostro tiene espacio. Frente grande, ojos separados, párpados altos, pómulos marcados, tono de piel claro y nariz delgada. Representa la necesidad de espacio, de expansión, provoca el progreso, tienden más al mundo de las ideas. Se observa en: pómulos, párpados, la fineza de facciones, el tono de piel, la nariz y la frente.

Algunas características de las personas con estos rasgos: son organizados, perfeccionistas, elegantes, visionarios, ritualistas, formales, corteses, analíticos, de buenos modales y discretos.

Agua: La forma de la cara es redonda. Tienen frente grande y redonda, orejas medianas, mirada melancólica y bolsas en los párpados. Esto representa la fluidez, el valor, la sabiduría ancestral, la necesidad de conectar a nivel profundo, el misticismo; se observa en las orejas, el

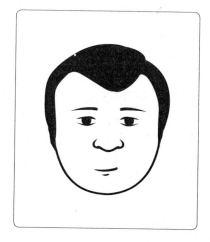

cabello (la línea), la frente y barba. Algunas características de las personas con estos rasgos: son calmados, astutos, espirituales, filosóficos, introspectivos, reflexivos, sabios, creativos, tercos y desapegados.

Madera: Forma del rostro cuadrada o rectangular. Tienen frente plana, cejas pobladas, hueso de la ceja marcado, ojos metidos, hueso temporal recto y quijada marcada; representan el combustible, el acto de combustión, la decisión, principios, lo que se observa en: cejas, ojos, quijada, entrecejo. Algunas características de las personas con estos rasgos son: seguros, provocadores, intensos, apasionados, retadores, controladores, impulsivos, irritables, poderosos y duros. Entre más madera se tiene, hay más fuerza para accionar.

También podemos distinguir estos elementos según la forma del rostro, técnica de lectura que implica la vocación que elegimos; entiéndase que al usar el término *elegir* me refiero a un periodo previo a nacer, de ahí que toque ese aspecto en este capítulo. Por supuesto, esto se relaciona con la profesión. Los rostros se pueden clasificar según su forma en:

Ancho ("soldados"): Las personas con este tipo de rostro tienen confianza en sí mismos, poder y fuerza, y "se aguantan más las cosas", las externan poco.

Delgado: Se desempeñarán mejor en una actividad laboral independiente; buscarán estar donde se les aprecie, denotan sentimientos de miedo y su salud tiende a ser frágil.

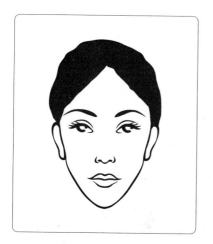

Diamante: Buscan reconocimiento (actores). Tienden a ser impacientes, de mente rápida, intensos; no hay tiempo para los lentos.

Trapecio: Puestos de poder. Gente que trata de llevar la fiesta en paz; suelen ser autoindulgentes, ya que sus principios se extendieron más que la mente.

Ovalado: (Servicio al cliente.) Se muestran gentiles, suelen ser buenos anfitriones. Diplomáticos, flexibles, con gran imaginación.

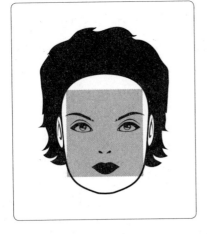

Cuadrado: (Seguimiento de procesos.) Personas que siguen muy bien las reglas establecidas. Tendencia a ser líderes o atletas. Se consideran guerreros, defienden sus principios; tienden a mostrarse prácticos, lógicos y eficaces.

Rectangular: Son estrategas. Tienen una visión dura y van al grano; equilibrados. Siguen reglas; perfil de gerentes. Les gusta comportarse de forma aristocrática.

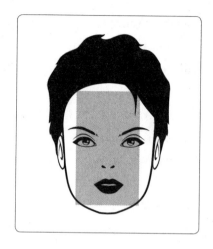

Triangular invertido: Tienen clara su misión y se concentran en ella. Denotan autodisciplina. Superan tiempos difíciles, muestran una gran actividad cerebral. Se comportan con determinación, fuerza, desempeñan mucha actividad física.

Durante la fecundación, y a partir de la energía que tuvieron nuestros padres en ese momento, empezamos a generar una energía *yin* o energía vital que se alimenta de nuestra pasión: cuando no tenemos una, esa energía se nos agota. Dejamos de cargar dicha energía a los 25 años, momento en que la herencia deja de tener influencia, ya que ha pasado la etapa de aprendizaje y comenzamos a tener vivencias propias a partir de nuestras decisiones. Cada quien cuenta con una energía *yin* propia, viene de lo que heredamos y es nuestra responsabilidad manejarla (como nuestra planta interna y como todo lo que nos pertenece); en realidad no importa si tenemos poca o mucha de esta energía, sino lo que hacemos con ella. La vemos reflejada en cómo nos nutrimos, ya que de no hacerlo sanamente padeceremos problemas de digestión, alergias o intolerancias.

Aunque desde algunas teorías que incluyen la reencarnación existe una herencia que nos influye genéticamente, nosotros elegimos a los padres y esta elección, desde la numerología, aporta lo que denomino *herencia de los padres* desde una perspectiva de aportación de energía. Conozcamos más cómo funciona esta herencia, que desde mi perspectiva es un regalo que nos hacen nuestros progenitores a manera de agradecimiento por haberlos elegido.

NUMEROLOGÍA
Misión de vida - Vocación:
dones y talentos - Elección de los padres

En numerología, el 0 representa una concentración energética que generalmente comparo o equiparo a un "huevito de energía"; un embrión. Hay energía concentrada y de aquí se gestará un inicio, una nueva vida, que podrás intuir que es el número 1.

Al hablar de concentración de energía, pensemos en una explosión de luz que da vida. Y al hablar de gestación, de lo previo a esta explosión de vida. Se dice que uno elige a las parejas y a los padres, y en general a personas importantes en la vida; sin embargo, por ahora quedémonos con los padres y la fecha de nacimiento. Estos dos son elementos importantes desde la numerología, ya que los primeros representan nuestro linaje, de dónde provenimos y por ende nuestras herencias, mientras que la fecha en que nacemos representa nuestra misión de vida y el camino para lograrla.

En lo personal, utilizo una mezcla de diferentes tipos de numerología y los concentro en una hoja que utilizo a manera de mapa para identificar qué números, es decir, qué energía se tiene y dónde, con qué recursos se cuenta para lograr la misión de vida y utilizar nuestra energía a favor.

En este punto recalcaré nuevamente que uno tiene energía, tiene números, y de ninguna manera se es un número. Así también, te recuerdo que existen diferentes tipos de numerologías y se relacionan con el alfabeto de donde provienen. Rescato y resalto, para propósitos de este capítulo, la numerología tántrica, proveniente del sánscrito, ya que es la que aporta los conceptos de número de alma, karma, regalo divino, destino y el número de vida, que corresponde a la misión de vida y cuya clasificación usaré para describir cada número a lo largo de los capítulos que conforman este libro. También consideraré la pitagórica —pues se atribuye a Pitágoras— proveniente del alfabeto griego y que aporta la relación entre los números y las letras del alfabeto.

Hablar de la numerología tántrica implica hablar de vidas pasadas y reencarnación, y sólo se considera la fecha de nacimiento, de donde se desprenden los cinco elementos mencionados en el párrafo anterior: el alma (dado por el día de nacimiento), el karma (dado por el mes de nacimiento), el regalo divino (los dos últimos números del año), el destino (la suma del año) y la vida (la suma de la fecha de nacimiento). La idea es ampliar nuestra percepción sensorial para aprovechar el potencial que tenemos y sacar lo mejor de cada experiencia en la vida. Con la numerología pitagórica se trata de identificar la vibración que tienen nuestro nombre y apellidos, reconocer nuestras herencias y, desde mi perspectiva, recibirlas como un regalo que interpreto como un agradecimiento de los padres al haberlos elegido; por medio de cada apellido se nos obsequia una energía que es un recurso que vamos a necesitar para conseguir nuestra misión de vida, y que en conjunto sólo podía ser obtenida a través de ambos progenitores; es importante ser conscientes de ella para vibrarla en positivo.

A continuación ampliaré qué implica cada concepto de la numerología tántrica y cómo podemos usar esto a favor de nuestra energía.

Alma. Se identifica en el día de nacimiento. Si la cifra es mayor a 9, se suman los dos dígitos (excepto el 10 y el 11) para obtener uno solo. Este número representa la labor interna que a cada uno le corresponde realizar; es una tarea personal y singular, la relación con uno mismo, la ocupación del mundo interior.

Karma. Se identifica con el mes de nacimiento; igualmente se reduce a una cifra excepto si es 11, pues se queda así. Este número representa la labor hacia nuestro mundo exterior: el enfoque, las relaciones, la familia, la sociedad, amigos, vecinos, pareja; también implica poner en práctica algo que no conocemos y requerimos aprender.

Generalmente, la idea de karma tiene una connotación negativa con el significado de pago o deuda; desde mi particular interpretación, es más una lección no aprendida y la oportunidad de llevarla a la práctica.

Regalo divino. Se obtiene sumando los dos últimos dígitos del año. Implica ser conscientes de los dones y talentos que elegimos tener y que nos sirven para realizar e integrar nuestro ejercicio interno (alma) con nuestra actividad laboral externa (karma, que también puede ser visto como el cuerpo). Esto es algo dado y es mejor ser consciente de ello.

Destino. Se obtiene al sumar los cuatro dígitos que conforman el año. Este número representa el lugar hacia donde se debe avanzar; corresponde a algo en lo que ya habíamos empezado a trabajar en otra vida y quedó inconcluso. De alguna forma ya se tiene el recurso, y si se aprovechan los dones o talentos será más fácil conectar con este aprendizaje que, concientizado y desarrollado, nos ayudará a integrar el alma y el karma (mundo interior y mundo exterior).

Vida. Es la suma de la fecha de nacimiento: día + mes + año, y su reducción a un solo dígito. Cada paso de esta ecuación representa uno a alcanzar en el propio camino, y la suma total es la misión de vida que elegimos alcanzar y que nos supone un crecimiento en nuestro propio desarrollo.

Pongamos un ejemplo: supongamos que alguien nació el 2 de marzo de 1987. Los números, la energía para esta persona desde esta perspectiva, son:

▶ Alma: 2 (día)
▶ Karma: 3 (mes)
▶ Regalo divino: 87 (dos últimos dígitos del año) = 8 + 7 = 15 = 1 + 5 = 6

► Destino: 1987 (año) = 1 + 9 + 8 + 7 = 25 = 2 + 5 = 7
► Vida: 2 + 3 + 7 (día + mes + año) = 12 = 1 + 2 = 3

En cada capítulo a lo largo de esta obra irás encontrando la interpretación de lo que cada número significa, y en el 11 encontrarás una guía para que puedas calcular tus propios números.

La actividad laboral u ocupación que uno desempeña para ganarse la vida en ocasiones es resultado de conectarnos con nuestra vocación; otras veces es parte de nuestro aprendizaje descubrir a qué se quiere dedicar uno. En un principio comenté que la numerología que aplico es una mezcla de varias; pues bien, desde esta integración, más allá de la tántrica y la pitagórica ubico tres formas con las cuales conectar con la vocación, la que defino como algo que nos es natural, que era un deseo desde niños o que se haría por puro placer, sin recibir pago alguno a cambio. Estas formas son:

La primera: Si sumamos las letras de nuestro/s nombre/s, la energía resultante es nuestra necesidad, lo que nos mueve, lo que necesitamos para sentirnos completos; si esta energía se canaliza a través de una actividad relacionada con el mes de nacimiento (mundo externo), la sensación de realización personal es mayor.

La segunda: Reconocer nuestros talentos o dones (regalo divino) y llevarlos a la práctica por medio de nuestra misión de vida o el ejercicio hacia los demás (karma o misión de vida hacia los otros). Ésta siempre es una opción para generar dinero.

La tercera: Tiene que ver con la misión de vida. Así como hay un mundo interno y otro externo en el día y en el mes de nacimiento, también los hay en la misión de vida y los obtengo sumando de dos formas la fecha de nacimiento. Para explicarlo, tomaré el mismo ejemplo de arriba:

- ▶ Día + mes + año (2 + 3 + 7) = 12; en este caso la misión de vida es 3, que viene de un 12.
- ▶ La segunda forma es sumar dígito por dígito de la fecha: 2 / 3 / 1987 (2 + 3 + 1 + 9 + 8 + 7 = 30 = 3).

Como se aprecia, en ambos ejemplos se tiene el mismo resultado, un 3; sin embargo, cada camino es diferente. Uno nos lleva a través de un 12 y el segundo a través de un 30. Imagina que la misión de vida (la suma de tu fecha de nacimiento) es un viaje a realizar y el resultado es el lugar de destino; en tal caso el día, el mes y el año serían paradas y la ruta para llegar a ese destino, es decir, cada parada es la forma de hacer el viaje, y los dígitos previos (antes de reducirlos a uno) de los que se deriva el número de la misión de vida (resultado de la suma de la fecha de nacimiento) son la parada previa a nuestro arribo.

En el primer ejemplo el camino implica un 12, y en el segundo un 30; si bien el resultado es el mismo, la energía para llegar es diferente. En el primer ejemplo de cómo sumar la fecha (día + mes + año), que nos da como resultado 12, la misión corresponde al mundo interno, a una gestión personal; el segundo (con el 30), desde mi punto de vista, corresponde a la actividad u ocupación a desarrollar para los demás, al mundo externo, donde se encuentra la forma de ganarnos la vida.

Siguiendo nuestro ejemplo, una actividad laboral relacionada con la comunicación o el arte (significado del 3, que se obtiene por un 12 o por el 30) será para esta persona la forma de realizar su karma (mes: mundo externo; actividad laboral, hacia los demás), que en el ejemplo también es un 3 (marzo). Todo esto implica dos labores: la interna y personal, que es el camino del 12, y la externa, hacia los demás, que es el camino del 30.

A continuación encontrarás la tabla de equivalencias entre números y letras; para obtener la energía por nombre/s y apellidos, deberás sustituir cada una por el número correspondiente y sumar los que obtengas. Igualmente irás descubriendo a lo largo de las páginas de este libro, en cada capítulo, la energía y su significado.

1	2	3	4	5	6	7	8	9
A	B	C	D	E	F	G	H	I
J	K	L	M	N/Ñ	O	P	Q	R
S	T	U	V	W	X	Y	Z	

Desde la numerología, en este capítulo me interesa resaltar que nosotros elegimos la fecha en que nacemos y a nuestros padres, y que sin importar las circunstancias de nuestro nacimiento y los acontecimientos a que este haya dado lugar, estaban planeados tal como fueron, y desde ahí nos corresponde aceptar y agradecer a nuestros padres por haberse presentado a cumplir el acuerdo de darnos vida y de permitirnos las condiciones elegidas para emprender nuestro camino hacia el desarrollo. Con las parejas ocurre exactamente lo mismo, aunque ese es tema del capítulo 2.

En un inicio expliqué que los números son energía, la que, cuando se usa a favor, nos impulsa a desarrollar y poner en práctica nuestro potencial, y cuando no, nos atora, nos estanca. Pues bien, en cada una de las secciones de numerología de cada capítulo podrás encontrar qué implica un número en su vibración positiva (desarrollo) o en su vibración negativa (estancamiento), recordando que esto no es bueno ni malo, sino simplemente las dos caras de una moneda y los polos opuestos.

El 0 en positivo

Concentración de energía, enfocada a trabajar con los miedos, la coherencia, la impecabilidad, la seguridad en uno mismo; es crecer a través de uno mismo y de la retroalimentación de los demás. Equivaldría a una explosión de luz que da vida, es una concentración de energía que hace más fuerte la vibración del número que tiene al lado.

El 0 en negativo

Concentración de energía canalizada hacia uno mismo y que paraliza; en lugar de accionar, detiene. Equivaldría a una implosión que no permite movimiento para atrás ni para adelante y que genera una especie de hoyo negro.

NUTRICIÓN DEL ALMA (NA)
*Como es adentro, es afuera - La construcción
de la vida - Información celular*

Dar tres enfoques, lectura de rostro, numerología y nutrición del alma, tiene como intención incrementar y aportar para construir un acervo diferente de recursos. A mayores recursos, mayores posibilidades de respuesta y de acción; así que, desde la gestación, en la nutrición del alma aplica la ley universal de la reciprocidad: *Como es adentro, es afuera.*

Hay una frase que dice "Eres lo que comes"; lo mismo aplica al alma, y quizá la modificaría así: "Eres lo que piensas, sientes, dices y haces".

Darnos tiempo para ir al supermercado y surtir la alacena con alimentos diferentes, equivale a la oruga que construye su capullo para entrar en un proceso de transformación, del que saldrá una mariposa.

Si retomamos de la numerología el concepto de embrión, apliquémoslo literalmente al proceso de gestación. Si bien desde la numerología la idea es conocer nuestras energías y aplicarlas a nuestro favor, desde la nutrición del alma es conocer esa energía para usarla según nuestro libre albedrío. No es una contradicción, en realidad son los dos lados de la moneda; por un lado, la numerología nos da acceso a información que no se modifica, que es y está desde nuestro nacimiento; por otro, la ocupamos para nutrir nuestra alma y hacernos cargo de nuestra propia vida para ser felices por medio de la toma de decisiones y la acción. Tenemos la posibilidad de construir la vida que deseamos desde el corazón o desde el alma.

Este apartado nos supone que lo que vemos afuera, o para el caso, lo que pasa afuera, antes de nacer, sólo es reflejo de uno mismo: la manera como vemos el mundo simplemente refleja cómo es nuestro mundo interior. Operar desde este principio es ser conscientes de que la vida no es algo que sucede, sino algo que cada cual construye. Esto lo podemos resumir en una frase: "La vida que tengo es la que me he generado y sólo es reflejo de lo que hay en mi interior". De cualquier forma, es la que uno eligió para nacer, hasta que se decide modificarla, o quizá más que una decisión es sólo una reconexión con lo que elegimos para crecer y ser felices en esta vida.

Es cierto que no podemos negar la presencia de la biología y la genética en cada uno de nosotros, y es tan cierto como que estas se encargan de generarnos una memoria celular que empieza a operar desde que somos una sola célula a partir de la fecundación, la que se va dividiendo como cigoto para ser embrión, llegar a feto y después a bebé, al nacer; lo que hay que mantener en mente es que cada uno ha elegido laborar o desarrollar algo en una familia y por eso ha escogido nacer en ella, con las circunstancias de vida que esta elección supone. Si en el rostro hay catorce generaciones plasmadas es porque en el interior, en el alma, hay catorce generaciones de información celular.

Si te preguntara qué pasa si abres el capullo de la mariposa antes de que esta nazca, seguramente responderías que en lugar de nacer antes, moriría. Lo mismo sucede con una semilla para volverse planta: requiere tiempo de germinación, de arraigo, para crecer. El tiempo que hay entre el inicio y la transformación es la gestación y una característica de esta, desde la nutrición del alma, es la paciencia.

La paciencia es permitir el tiempo de gestación de las cosas, y aprender a dar esos tiempos nos hace disfrutar el resultado tanto como el camino. Desde la perspectiva de prosperidad y abundancia, implica retrasar la recompensa para que sea mayor.

La gestación se da cada vez que nos hacemos conscientes de algo y de que queremos cambiar; nos implica un proceso de preparación y maduración, y está bien reconocer que esto conlleva implícitas cuestiones de paciencia y de vacío, mismas que preceden a lo nuevo.

Si retomamos el tema de la herencia es importante reconocer que si bien existe la información celular, esta no nos determina, no nos predispone a ser o hacer nada que no elijamos. Cada nacimiento en la familia tiene la posibilidad de sanar, de reparar y de ser un agente de cambio para mejorar, y por eso a veces nos corresponde sanar heridas ancestrales.

Una de las formas de sanación o reparación de asuntos familiares es por medio de la profesión o vocación que elegimos para ganarnos la vida. Una vocación generalmente implica una reparación (según Enric Corbera, hay profesiones que reparan. Las encontrarás en el Anexo 2) en el área de la actividad que se desempeña. Desde mi perspectiva, hay cuatro profesiones que sin duda son de vocación, tienen que ver con ayudar a los demás y, desde la numerología, pertenecen a los planos siete, ocho y nueve, que son los espirituales y llevan implícita una conciencia mayor que los planos menores (del uno al cuatro); por lo tanto, están enfocados al bienestar de todos, del mundo. Estas profesiones, desde mi perspectiva, sanan: lo material (abogados), la mente o el alma (maestros), la salud física (médicos) y el espíritu (sacerdocio o vida religiosa). Son vocaciones desde el mundo exterior, y desde el interior seguramente estarán reparando y sanando algo a nivel familiar.

Por ejemplo, este libro ha implicado dos gestaciones. Una, el libro en sí mismo; la otra, la nutrición del alma como concepto de salud, y sus componentes, que han implicado otra gestación para generarlos, desglosarlos, entenderlos, incorporarlos, vivirlos, asimilarlos y poder transmitirlos por escrito. Así que desde estos dos procesos quiero compartir cómo fueron, sobre todo el de las nociones; más allá de una lista de conceptos y de cómo escribí el libro, hay algo más de fondo que me lleva a asociar la nutrición del alma con el desarrollo humano.

Durante mis estudios de doctorado comencé a escribir la tesis. En algún momento, mi asesora me dijo que si el grado que iba a obtener era en la especialidad en Desarrollo Humano, estaría bien incluir un capítulo sobre el tema, petición que para mí tenía mucho sentido. Sin saberlo, ahí empezó una búsqueda inesperada, más que por una definición, por encontrar de dónde surge el término *desarrollo humano*, que se utiliza tan frecuentemente para referirse al proceso interno que genera una transformación de vida en las personas: para mi sorpresa, la que encontré fue la del Programa de las Naciones Unidas, cuya enunciación está asociada al desarrollo económico de una sociedad y sus miembros por medio de incrementar los bienes con los que pueden cubrir sus necesidades básicas y complementarias. Mis pesquisas me llevaron a sumergirme en un viaje a través de los llamados humanistas, que como no hablan de desarrollo humano sino de psicología, concluí que son psicólogos humanistas, y de ahí inicié mi tránsito por la filosofía en temarios de la materia en universidades, conceptos, perspectivas, autores, historia y un sinfín de información que, para hacer el relato corto, me llevó a integrar varias perspectivas en una definición propia de desarrollo humano a la que agregué el concepto de ser y que comparto a continuación:

> El desarrollo del ser humano es la metamorfosis que cada individuo realiza en el momento preciso en que requiere potenciar

una vida completa y saludable hacia la felicidad, por medio del cuidado propio y de otros para construir y establecer vínculos sanos de largo plazo que nutran su espíritu con su actividad laboral y su alma en la vida para disfrutar de la misma.

Como acorté la historia, haré algunas precisiones en cuanto a los términos utilizados.

Hablar de desarrollo lleva implícito que hay cosas que permanecen y cosas que cambian.

Con *ser* me refiero a convertirse, a devenir en quien se quiera ser, no a alguien que se piensa determinado por lo que es o ha sido hasta el momento. Devenir implica elegir, de ahí el desarrollo y la posibilidad de la *creatividad* desde el concepto de tener la capacidad de crear la vida que uno quiere.

Al hablar de *metamorfosis* me refiero a un proceso con tiempos de gestación y la paciencia correspondiente, sabiendo que el cambio se está produciendo desde el interior.

Decir "cada individuo" conlleva un trasfondo de identidad donde cada uno es diferente a otro y en cuyas diferencias se refuerza la identidad.

"El momento preciso" se refiere a la epigénesis: ni antes ni después.

"Vida completa y saludable" implica las etapas que la conforman, no definidas por edades sino por eventos o dimensiones tan personales como individuales. El concepto *saludable* está relacionado directamente con la nutrición; como ya comenté, hablamos de salud, y más allá de pensamientos, emociones, palabras y acciones, en este caso se suman los vínculos que se fomentan a través del cuidado de uno y de otro (afectividad y amor).

Para la noción de *felicidad* replico la de Erich Fromm, que decía que esta es observable y se identifica en la vitalidad de las personas, entendiendo por *vitalidad* la energía de vida que nos enfoca tanto a la acción como al reposo en un proceso de autorregulación, concepto de Rolando Toro, y el mío ya lo he enunciado en la introducción.

Disfrutar se asocia directamente al placer y a la celebración de la vida.

La *dualidad de los mundos interno-externo* está presente al hablar de actividad laboral (externo) y vida (personal, interno), cuidado propio (interno) y de otros (externo), pensamientos, emociones (interno), y palabras, acciones y vínculos (externo).

Un elemento de diagnóstico importante son las relaciones y los vínculos que la persona establece, ya que están en el mundo externo; desde la dualidad y la ley de la reciprocidad, son una réplica de la relación con uno mismo. Uno trata a los demás de la misma forma en que se trata a sí mismo.

Finalmente, en los conceptos de espíritu y alma hay un *trasfondo de trascendencia* a partir de la distinción entre ambas instancias hecha en páginas anteriores. Así que si el término *nutrición del alma* está en la definición, en el desarrollo del ser humano convergen esta y el llamado *desarrollo humano*. Para mí, el desarrollo del ser humano también lleva una connotación de identidad, tema que veremos en el siguiente capítulo. Resumiendo, la nutrición del alma es un tema de salud que implica el desarrollo de la identidad, que en esencia identifico como sinónimo de desarrollo humano y por ende perteneciente al mundo interior.

Capítulo 1. El Ser (Devenir)

Somos aquello en lo que creemos.
WAYNE W. DYER

SER NO ES TENER. SER, PARA EFECTOS DE ESTE LIBRO, implica la posibilidad de ser quien quieras, de convertirte en esa persona, y esa posibilidad se abre conforme a la identidad que te hayas construido y a tu forma de pensar.

La adquisición de las cosas que se desean es secundaria; lo primario es forzarse a convertirse en una persona que se propone alcanzarlas. Para hacerlo se requiere de conocimiento, disciplina, liderazgo, experiencia, fuerza interior que se active, fuerza de voluntad y varios conceptos que tienen que ver con la autonomía y la independencia. Cuando alguien se convierte en millonario, lo que importa no es lo que posee sino lo que logró hacer y tener para conseguirlo. Por ejemplo, si le damos un millón de dólares a una persona que no tenga esta actitud de millonario, seguramente perderá el dinero en poco tiempo; en cambio, si le quitamos su riqueza a un millonario, en poco tiempo la amasará nuevamente, ya que tiene todo para repetir el proceso de generarlo.

Así pues, el primer paso en el desarrollo individual tiene que ver con preguntarse: "¿Qué clase de persona quiero ser?, ¿qué necesito hacer y tener para lograrlo?".

Para entender el concepto de que todo depende de uno es importante comprender que las cosas o las circunstancias no cambian, son objetos inanimados y seguirán siéndolo. Lo más que puede cambiar es la forma en que se ven las cosas y la vida; reinterpretar lo que uno cree es lo que genera el cambio.

LR: LA VISIÓN DE VIDA (OJOS)
El observador y la autoestima

Los ojos, se dice, son la ventana del alma. Desde la lectura de rostro, en ellos se puede ver nuestra vida a partir de los treinta años. Para efectos de la lectura de rostro, no es sólo la mirada; se observa el párpado superior, el inferior, las cejas, las pestañas, la esclerótica (la parte blanca), las líneas de expresión alrededor y por supuesto la pupila y el iris, que según su color nos habla de la persona. Por ejemplo, los ojos azules nos hablan de una persona muy mental; verdes, de alguien más romántico; cafés, necesitan saber la verdad, son más prácticos y terrenales; los ojos negros representan intensidad, mientras que los grises se asocian al control emocional. Se puede dar el caso de que una persona tenga los ojos de dos colores, generalmente uno verde y otro azul; el significado de esto es el que se mencionó arriba y depende de qué lado de la cara se tenga cada uno, tema que explicaré en el siguiente capítulo.

También es tema de análisis su tamaño. Que sean pequeños habla de personas muy detallistas, analíticas y observadoras, mientras que los ojos grandes se asocian a tener el corazón abierto. Otro rasgo interesante es la distancia entre los ojos. Cuando es poca, representa a personas poco tolerantes, muy enfocadas y prácticas, mientras que a mayor distancia entre ambos se trata de personas más imaginativas, románticas y perceptivas.

Según la filosofía china, en el rostro tenemos montañas y ríos, siendo los primeros rasgos que representan la energía *yang* y son aquellos atributos con huesos: frente, nariz, barba y quijada. Por otra parte, los ríos son la energía *yin*, áreas suaves que tienen algo de humedad: orejas, línea del cabello, ojos y boca.

Los ojos, por tanto, son energía *yin*, son ríos en la cara y representan la visión que tenemos de la vida.

Al hablar de visión de vida podemos hablar del *observador*, término que en la filosofía ha sido utilizado por diversos autores y que Rafael Echeverría retoma para construir el modelo OSAR, cuyas siglas significan Observador, Sistema, Acciones y Resultados; este autor parte del principio de que la forma en que vemos la vida sólo es la forma en la que la vemos. La vida no *es*; sólo *es* para cada uno. Vivimos en mundos interpretativos.

Este modelo presupone que los resultados que se tienen en la vida sólo son dados debido al tipo de observador que uno es. ¿Si fuera otro observador, los resultados que tiene en la vida podrían ser diferentes? ¡Así es! No sólo podrían, *serían* diferentes. El observador que somos genera las acciones que hacemos, y dadas las acciones que llevamos a cabo, se generan los resultados que tenemos. En lo personal esperaría que en este libro encuentres elementos que te permitan ver la vida con otra perspectiva y modificar al observador que eres o la percepción que tienes.

El observador que uno es tiene un mundo interno que implica una estructura de coherencia, de la que hablaré en el capítulo 3, y la propia historia, entre otras cosas. Sin embargo, una es la propia historia, los hechos que ocurrieron, y otra la interpretación que hacemos de esos hechos y que deviene en la historia que nos contamos o nos contaron; la interpretación y los juicios que le atribuimos influyen en el observador en que nos volvemos. También hay un mundo externo para el observador, y es el sistema o sistemas en los que uno está inmerso: la familia, el trabajo, la comunidad, la religión, el grupo de amigos, la sociedad, etcétera.

Imaginemos un átomo como partículas en movimiento. Ese átomo es parte de un sistema, que puede ser a lo que da forma, como un vaso, un florero, una mesa, el sistema nervioso, el sistema solar, no importa. Un átomo es parte de algo más grande y tiene la constitución que tiene porque pertenece a ese sistema y no a otro, y viceversa: el sistema lo configura de esa forma y no de otra, dado que es lo que requiere para que sea parte de él. Si ese átomo sufre alguna alteración de cualquier tipo, se transformará y por ende afectará al sistema al que pertenece.

Lo mismo pasa con nosotros, el sistema nos limita y restringe a sus propias normas y reglas; sin embargo, hay otros sistemas, es sólo que estamos moldeados al que conocemos y en el que operamos. Si fuéramos ese átomo y nos modificáramos o cambiáramos de alguna forma, puede ocurrir alguna de estas opciones: 1) La primera, que la física nos regala: el sistema nos expulsa; 2) El sistema nos "readapta" y nos vuelve a integrar, tal como éramos, o 3) Afectamos al sistema y este se transforma.

Siguiendo con la idea de que somos ese átomo y nos queremos transformar, el sistema, de inicio, se va a resistir si la afectación al orden y armonía establecidos se modifica. A veces eso pasa cuando deseamos salir de una dinámica de la que ya nos dimos cuenta que no es funcional en la vida; sin embargo, la pareja, los hijos, los padres, los hermanos, el trabajo, los amigos, nos dicen que no está bien. El punto es entender que hay otros sistemas y uno puede ser parte de cualquiera, sólo que muchas veces no es fácil que el observador que uno es los vea o acceda a ellos. Para acceder a otro sistema se requiere modificar al observador que uno ha sido hasta ese momento, de modo que sea diferente.

Un factor importante en esta transformación es la autoestima. Algunos conceptos relevantes al respecto tienen que ver, en primera instancia, con la aceptación de uno tal cual es o modificar lo que no quiera; es entender que se es una semilla y que el potencial que existe en ella tiene que ver con la forma en que se nutra. Nathaniel Branden, autor de varios libros sobre el tema, define la autoestima como *el derecho a ser feliz*. Me gusta este concepto: si todos tenemos ese derecho, ejercerlo es menester. Explica que hay dos dimensiones en la construcción de la autoestima. Una, tiene que ver con la autoeficacia, que implica confianza en la propia capacidad de pensar, tomar decisiones apropiadas, aprender y elegir, la cual yo interpreto como el mundo externo, es decir, se enfoca hacia afuera de nosotros; la segunda, es la del respeto por uno mismo, que consiste en la confianza en nuestro derecho a ser felices y en la creencia de que logros, éxitos, amistad, respeto, amor y satisfacción son apropiados para nosotros. Esta dimensión la interpreto como el mundo interno y la relaciono con sabernos merecedores de todo, absolutamente todo lo bueno.

Branden dice que cuando no asumimos nuestro derecho a ser felices nos boicoteamos para "demostrarnos que no puede ser"; también, que la autoestima es una necesidad psicológica básica y que implica que estamos dispuestos a ser conscientes de que somos capaces de enfrentar los *desafíos básicos de la vida*.[8] Menciona que cuando alguien tiene una autoestima baja hay una tendencia a actuar más por el deseo de evitar el dolor que por el de experimentar alegría. Dice que sin autoestima positiva el crecimiento psicológico se ve perturbado. La autoestima es el sistema inmunológico del espíritu.

Nutrir el espíritu es nutrir el alma. Recuperar la confianza en nosotros nos dará seguridad y esto sin duda fortalecerá la autoestima. Sólo tú le puedes dar valor a lo que dices y a lo que eres, a tus capacidades, así que procura que sea a favor, jamás en contra. La visión que tengas de ti, entre muchas otras cosas que veremos a lo largo del recorrido por cada capítulo, es materia de elegir y tomar decisiones.

N: 1 ES UNO

En numerología, el 1 es *uno*, es decir, es el individuo y el desarrollo de la persona; es el desarrollo individual y personal del mundo interno. Si retomamos la idea de una línea de vida, el 1 es el bebé que inicia la vida, con todo el camino

---

[8] El autor menciona que son cuatro estos desafíos. Conllevan la propia capacidad y autonomía para: 1) ser capaz de ganarse la vida y cuidar de uno mismo, 2) ser competente en las relaciones humanas, 3) resistencia a la adversidad, y 4) perseverar en nuestras aspiraciones.

por delante, y le toca iniciarlo. Con el 1 comienza la primera tríada de números, los que representan un enfoque hacia lo individual; hacia uno.

Cuando el 1 está en el día el enfoque es desarrollar *el alma y el interior*, lo que por la naturaleza del propio número, hacia el mundo interior, supone un trabajo muy profundo en este aspecto: la tarea es madurar todos los procesos que se identifiquen con el prefijo *auto~*, como autoestima, autoconciencia, autonomía, etcétera. La atención y la intención fortalecen la identidad, lo que implica ser quien uno quiera y responsabilizarse por los propios actos, asumir las consecuencias de una decisión, trabajar en la autonomía, ser responsable de uno mismo, de las decisiones y acciones que uno elige. El aprendizaje es estar en el propio centro y mantenerse ahí. Es tener conciencia de que el poder de la voluntad es lo que otorgará decisión, inteligencia, acción y empuje.

Cuando el 1 está en el mes, conlleva una labor hacia el exterior: el desarrollo del karma será a través de la actividad laboral o la profesión, con frecuencia hacia la forma de generar ingresos para ganarse la vida. Algunas actividades pueden ser abrir camino, ser pionero o emprendedor, tener iniciativa, ejercer liderazgo en algún grupo, iniciar un negocio, emprender. Existe un enfoque hacia carreras de tipo científico.

El significado del 1 en general

En positivo: Cuando la energía del 1 vibra en positivo y hacia el desarrollo, lo hace con el emprendimiento, con procesos individuales como la independencia, la autonomía, la responsabilidad[9] y todo aquello que involucra la vida. Recordemos que es el resultado de la explosión del 0, el "huevito concentrador de energía" que en el capítulo anterior definimos como energía que da origen a la luz; en este caso, a la vida. Nos hace responsables y conscientes de nosotros mismos y nuestras decisiones.

En negativo: Por otro lado, cuando el 1 vibra en negativo, estanca la energía y tiende también hacia lo individual, sólo que en aislamiento, en soledad; al ego y al egoísmo en lugar de a la cooperación. Nos vuelve víctimas de nosotros mismos. Se puede llegar a ser primero en todo, aun a costa de sacrificar los sentimientos, la felicidad y hasta a los seres queridos.

El 1 como misión de vida

Si tu misión de vida es un 1, seguramente proviene de un 10, lo que hace que el 1 vibre con mayor fuerza gracias al 0 que tiene al lado. Implica enfocarte en desarrollar tu propia luz; aprender a resolver por ti mismo/a las situaciones de vida. Esto se puede conseguir si dejas actuar tu fuerza y audacia; confía en ti, en tus recursos. Te corresponde abrir puertas a lo nuevo, generar un punto de partida hacia nuevas formas de hacer. Es importante recordar que aun cuando tu mirada va hacia adelante, sabiendo que inicias y creas posibilidades y

---

[9] Responsabilidad proviene de responder, pero en un sentido es sinónimo de garantizar, comprometerse.

nuevas formas, también te corresponde ayudar a otros y pedir su colaboración para no quedarte solo.

El 1 como talento (regalo divino)

Creatividad, amor, fuerza interior para dirigirse a los objetivos individuales. Empuje, muy trabajador.

NA: RESPONSABILIDAD E IDENTIDAD

Desde la nutrición del alma, la pregunta es: "¿Quién soy?", o mejor aún, "¿Quién quiero ser?" Cuando hay una respuesta, entonces la siguiente pregunta que surge es: "¿Y estoy haciendo lo que necesito para llegar a ser ese que quiero?"

Si la respuesta a esta última pregunta es sí, te felicito, seguramente estás en el camino de ser quien quieres, y desde la nutrición del alma asumiremos que tanto el camino como el resultado te hacen inmensamente feliz, ¿no? Entonces ¿qué pasa?

Muchas veces crecemos pensando que "tenemos que" hacer o ser x o y, desde cómo nos comportamos hasta qué estudiamos y a qué nos dedicamos. Las razones que recibimos para esto son variadas: para ser un/a niño/a bueno/a, para que papá / mamá no se enoje, para ser responsable, porque eres el mayor, porque eres el menor, porque así es en esta familia, porque todos en esta familia hemos sido médicos, abogados, etcétera, porque es el negocio familiar y a ti te corresponde seguirlo, porque… porque… porque… Mil y una razones que justifican todo lo que uno *tiene que* hacer o no.

La realidad es que no *tenemos que*... ¡nada! Es nuestra elección hacerlo o no, fue nuestra elección nacer en esa familia y a veces la lección es para decir que no y aprender a poner límites. En todo caso, con este libro puedes revisar tu misión de vida y el camino para llevarla a cabo. ¡Ya tienes un punto de partida!

A lo largo de las páginas anteriores, he expuesto repetidamente que la vida es algo que construimos, no algo que sucede, y entender esto es hacernos cargo de dónde nos ponemos, para lo que recordaré algo que también ya mencioné: cada uno está donde se puso. Y esto me permite retomar el concepto de responsabilidad, lo que implica comprometerse y responder, en este caso a nuestra elección de vida, que conlleva nuestra felicidad.

Ahora bien, que estemos en algún punto no implica de ninguna manera que no nos podamos mover, sólo que hacerlo nos invita a tomar decisiones y tomarlas es hacernos cargo de sus consecuencias. Asumir esto nos hace responsables de nosotros mismos, de nuestra vida y nuestra planta interna, lo que nos quita de ser víctimas. Pregúntate: ¿qué cambiaría en mi vida si decido comprometerme con ella?, ¿qué beneficio dejaría de obtener si dejo de permanecer donde me puse?

De tal forma que ser responsables de nosotros mismos tiene que ver con tener salud física, emocional, espiritual y mental tanto en el ámbito personal como en el laboral. Es más un concepto de vida, de autoestima, de construcción de relaciones sanas y de felicidad, donde hacernos cargo de nuestras decisiones y de nuestra propia vida nos pone ante dos posibilidades: ser dueño o víctima.

En general esto lo expreso y resumo como "en la vida hay de dos sopas": 1) o te quedas como estás, o 2) cambias. La opción siempre es cambiar. El cambio está presente en toda situación y esto implica tomar una decisión. Toda decisión conlleva una consecuencia. A veces es tener éxito y lograr lo que se quiere. La alternativa es no hacer nada, porque al tomar una decisión uno se compromete con la consecuencia, y si se está jugando el papel de víctima esto último generalmente no se desea. Muchas veces, por no asumir las consecuencias se elige no cambiar y así se sigue justificando la falta de logros en cuanto a lo que se quisiera, o le permite a uno seguir quejándose de la situación. Después de todo, para la víctima siempre le será mejor culpar a otro o a alguna circunstancia por lo que le pasa, que hacerse responsable por estar donde se puso.

Al respecto me han preguntado: "¿Y si no tenía otra opción?", o a veces uno se consuela pensando que era lo único que podía hacer. No nos engañemos. Recalco y subrayo: *siempre* hay otra opción y también *siempre* es una elección; en este caso es decir que *no* o asumir que se estará en una situación que no se quiere. ¡Y está bien si no quieres cambiar! Es una decisión de vida y no tienes que cambiar si no quieres, aunque tienes que ser consciente de que eliges quedarte donde estás. La consecuencia es que hasta lo que no te gusta va a permanecer, nada va a cambiar, o en todo caso estarás aceptando algo que no quieres por no ser capaz de decir que no.

Dado que es una decisión de vida y cada uno es responsable de tomarla o no, ¡está perfecto! Lo que no se vale es quejarse, porque la opción siempre es cambiar o decir que no y ha estado frente a nosotros todo el tiempo. Si la decisión es quedarse donde uno está, hay que aceptar y disfrutar lo que se tiene o lo que uno adquirió por no decir que no, y amigarse hasta con lo que no nos gusta, porque así va a ser y a permanecer. Las cosas pasan porque uno las permite.

En el apartado de lectura de rostro hablé de autoestima y aquí retomaré que el desarrollo de esta fortalece la identidad.

Muchas veces se piensa en la identidad como en una credencial, un documento o algo que acredite quiénes somos, y más allá de la documentación que así lo haga, somos cada uno de nosotros quienes la reforzamos respondiendo a las preguntas con las que inicié este apartado: ¿quién soy?, o ¿quién quiero ser?

Hablar de identidad es hablar de desarrollo humano; es decir, uno es quien es, y al mismo tiempo ya no es el que fue. Por ejemplo, Juan es quien es ahora y ya no es el niño de 7 años que fue; sin embargo, sigue siendo Juan. La identidad se va transformando en el tiempo. La identidad no es personalidad. En esencia, la identidad también es una elección: quién y cómo quiero ser, y aquí *ser* retoma el concepto de posibilidad de ser, de devenir, no de determinación o explicación de cómo o por qué uno es de tal o cual manera. Uno elige cómo ser y esto inevitablemente implica un compromiso con las consecuencias.

Antes de cerrar este capítulo, te invito a preguntarte: ¿lo que no me gusta de la idea de cambiar es que tendría que hacerme cargo de mí? ¿Y si tuviera éxito y se me acaban las excusas? ¿Cómo sería diferente mi vida si realmente fuera mía y yo fuera el único responsable de mí mismo/a? ¿Qué tendría que cambiar en mí para que esto sea posible? Ante estas preguntas sólo diré que si se han generado reflexiones o nuevas posibilidades, quizá en el camino se adquiera conciencia de que siempre se trata de nosotros, no de los demás ni de lo que nos hacen; es más bien lo que les permitimos o dónde se puso uno, y reconocer que en nuestro interior tenemos las respuestas. Hacer conciencia de que uno mismo es el responsable de estar donde está. Si esto es así, entonces estás en el camino de ser quien quieras y por tanto de hacerte cargo de tu vida, en la que puedes ser tan feliz como te lo permitas.

....

PARA NUTRIR TU ALMA

Es importante entender que la felicidad[10] no es algo perdido en el pasado, o distante en el futuro... sólo se puede sentir en el presente.

---

[10] En relación con el tema de la felicidad quiero resaltar tres cosas: 1) la primera es que la planta es nuestra, por lo tanto los únicos responsables de nutrirla somos cada uno de nosotros. 2) Nutrirla es tan fácil como disfrutar lo que hacemos con nuestros cinco sentidos. En este aspecto te sugiero que hagas una lista de cosas que te gusta ver, oír, tocar, probar y oler, y después identifica la sensación que sólo al pensarlo te genera y produce en ti. Ahora pregúntate: ¿cada cuándo me doy tiempo para hacer eso?, ¿cuándo fue la última vez que lo hice sólo por el placer de sentir? Esto te puede dar una idea de cuánto tiempo dedicas a nutrir tu planta. Y 3) es una elección.

Capítulo 2. Las decisiones / La dualidad / Las relaciones

EN GENERAL HEMOS APRENDIDO QUE ANTE DOS OPCIONES SIEMPRE HAY QUE ELEGIR una u otra; aunque a veces podemos integrar, en vez de renunciar. Sin embargo, la decisión es entre ambas alternativas.

En las primeras páginas relaté el conflicto que me suponía ser académica en una universidad y empezar a hacer numerología, y esta dualidad ha estado presente en muchos aspectos de mi vida; finalmente entendí que para mí la lección era aprender a integrar, no a separar. Y por eso tuve a los padres que elegí. Mi padre me desarrolló la mente: la lógica, el análisis, el pensamiento, la razón; mientras que con mi madre desarrollé la intuición, las manualidades, la cocina, la literatura, el baile. Integrar mi parte racional con mi parte sensible y artística fue el primer momento de conciencia de "No tengo que elegir entre una de las dos; ambas están en mí".

Tuve que reconciliarme conmigo misma desde decidir por ambas opciones: integrar mi *yin* con mi *yang* (mujer que se ha desarrollado en medios masculinos), mi tierra con mi aire (desde la astrología, signo de tierra con ascendente aire); mi razón con la emoción; la parte académica y de educación formal con lo esotérico, la lógica con la intuición, y el 2 de mi apellido con el 10 de mi nombre.

A veces uno sólo necesita hacer lo que le corresponde, y el Universo se encargará de hacer lo suyo. La biodanza me encontró cuando estuve lista, y desde ese momento supe que era mi camino de vida.

LR: LA TOMA DE DECISIONES
Las divisiones de la cara - Dar y recibir (labios) -
Tomar decisiones / dar y recibir

Por medio de la lectura de rostro podemos identificar la forma en que uno toma decisiones. Antes de explicar cómo, quiero adelantarme a incorporar un concepto que veremos en el siguiente apartado con la numerología: la dualidad. En el Universo esta se establece en el dar y el recibir, lo que también podemos ver en el rostro, en particular en los labios.

Comencemos con el tema de la toma de decisiones. Para ver esta habilidad en el rostro requerimos dividir imaginariamente la cara en tres partes de arriba abajo, tal como se muestra en el siguiente esquema:

Figura 1. División horizontal de la cara

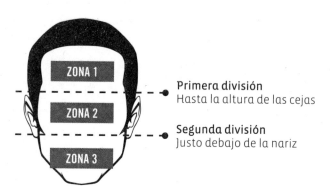

Al dividir la cara de la manera que se muestra en el dibujo, tendremos tres zonas; generalmente una será mayor que otra. Para observar cómo es tu forma de tomar decisiones, te recomiendo tomar un espejo de mano y una regla, así podrás medir cada una de las zonas.

¿Cómo tomas decisiones?

Zona 1: Toma de decisiones analítica. Zona de la frente. Las personas que tienen más grande esta zona toman decisiones analizando. Requieren tiempo para decidir. Les gusta comparar listas, características y precios. Contrastarán, verán pros y contras, y cuando parece que ya tienen todos los elementos, querrán volver a repasar. Les facilita la toma de decisión tener la información concentrada en tablas o cuadros comparativos.

Zona 2: Toma de decisiones prácticas. Zona de la nariz. Las personas que tienen más grande esta zona toman decisiones sobre la marcha; son prácticas. Requieren muy poco o ningún tiempo para decidir. Les gusta ahorrar tiempo, dinero y energía. Si requieren algo y lo encuentran, aunque sea a un precio mayor, lo pagarán con gusto para evitarse otra vuelta. Ven la oportunidad, no el gasto. Toman la decisión en el momento. Les facilita la toma de decisión todo aquello que implique oportunidad, ahorro en cualquier forma o les evite un gasto mayor posterior.

Zona 3: Toma de decisiones intuitiva. Zona de la barbilla. Las personas que tienen más grande esta zona toman decisiones intuitivamente. Se dejarán llevar por lo que sienten, confían en sus instintos. Aunque generalmente sus decisiones les funcionan, pueden ser impulsivos por dejarse llevar por lo que *les late*. Les facilita la toma de decisión todo aquello que implique oportunidad, ahorro o un gasto mayor posterior.

Como decía, en la cara, así como en el Universo, está la dualidad, lo que se observa en los labios; aquí el rasgo a observar es el ancho de cada uno de ellos, el superior y el inferior. Entre más ancho, más se tiene lo que cada uno significa. El superior se asocia con lo que uno recibe, y el inferior con lo que se da. Mantener un equilibrio entre dar y recibir también es un tema de autoestima y se asocia con el merecimiento: la disminución de una acción u otra se relaciona directamente con la idea de que no merecemos dar o recibir, y desde ella será difícil obtener.

Independientemente de la forma en que tomemos decisiones, muchas veces llevarlas a cabo es difícil. La falta de decisión es uno de los generadores de estrés más comunes; decidir implica un proceso que muchas veces tiene que ver con la renuncia y otras justo lo opuesto, con la integración, como explicaba anteriormente: en todo caso, involucra hacerse cargo de las consecuencias de esa decisión, sea cual sea. La cuestión es decidir o aceptar el conflicto inherente a no hacerlo, con el estrés que se deriva de esto.

Por un lado, tenemos la forma de tomar decisiones, que es atribuible a la persona (mundo interno); por otro, el tipo de decisión que se puede tomar (mundo externo). A continuación muestro seis opciones de toma de decisiones: para explicar las que puedes tomar y sus consecuencias, consideremos dos cuestiones, A y B, pudiendo ser estas cualquier cosa que uno desee entre las que se centra la decisión. Es importante considerar que A y B son siempre elementos deseables, ya que si no lo fueran, no habría decisión que tomar.

Opción 1 de decisión: Podemos decidir entre A y B, siendo ambos elementos deseables. La decisión entre estos implica automáticamente renunciar a uno, y la sensación de renuncia conlleva un duelo, una pérdida. Esta renuncia es lo que muchas veces no queremos aceptar. Por ejemplo, una persona busca obtener una beca para estudiar en el extranjero y al mismo tiempo comienza a trabajar para desarrollar una carrera exitosa. Un día recibe el anuncio de que le dan la beca y horas después le informan que lo ascenderán a un puesto que también quiere; decidirse por la beca que ha buscado por tanto tiempo implica renunciar a su fuente de ingresos y a la posición que le ofrecen, mientras que por otro lado aceptar la promoción implica renunciar a la beca.

Opción 2 de decisión: Ambas situaciones son poco deseables y entonces se tiene que elegir entre la menos mala o la que menos afecte, porque no se quiere tomar ninguna aunque se debe elegir. La consecuencia de esta decisión es la sensación de insatisfacción o de hacer algo que, aunque no genera satisfacción, es lo que perjudica menos. Por ejemplo, podemos ver esta situación entre gente que por alguna razón ha perdido su actividad laboral y la pérdida de su ingreso lo lleva a reducir gastos, debiendo decidir entre cambiarse de casa o cambiar a sus hijos de escuela. En este caso ninguna de las opciones es agradable; sin embargo, cualquier elección ayudará a disminuir gastos.

Opción 3 de decisión: Decidir por A implica necesariamente a B y viceversa, y la implicación no tiene por qué ser agradable o deseable; la consecuencia de esta decisión es la aceptación de ese aspecto implícito en la elección del elemento en cuestión, aunque no se desee. Un ejemplo podría ser una mujer que desea embarazarse y no quiere subir de peso. Hay una parte agradable y deseable en la decisión, que es la de volverse madre, y una desagradable e indeseable, que es subir de peso; sin embargo, embarazarse conlleva el aumento de peso.

Opción 4 de decisión: Optar por no elegir ninguna de las dos opciones, ni A ni B, y buscar otra que resulte mejor o integre ambas, es decir, una opción C. Esto es lo que algunos llaman "pensar fuera de la caja". A veces nos limitamos porque hay dos elementos, ¿y si no se quiere ninguno? En tal caso, estamos tomando una decisión: la capacidad de generar opciones nos abre posibilidades, y desde estas, más acciones se vuelven factibles.

Opción 5 de decisión: Hacer lo que yo aprendí: elegir ambas, buscar la forma de integrar; evitar renunciar a dos cosas que se desean. Desde el concepto de prosperidad, es no anteponer *x* o *y* sino pensar en ambas. Esa también es una decisión, e implica buscar la forma de conseguirlo y de responder ante las opciones.

Opción 6 de decisión: Por supuesto, no decidir es una decisión. Pocas veces se ve de esta forma; sin embargo, no decidir al respecto tiene como consecuencia que todo permanezca exactamente igual que como está, aun lo que no me gusta, y por tanto los mismos resultados se repiten.

En general, la falta de resultados en la vida tiene que ver con la falta de decisiones; corregir, en realidad, tiene que ver más con tomar una decisión y *hacer algo* con ella. No basta sólo con decidir, hay que tomar acción. Tomar decisiones es hacernos cargo de nuestra vida, y llevarlas a cabo es tener el coraje de vivir nuestra propia vida. Si la vida es nuestra, la decisión sólo le corresponde a cada uno y actuar en consecuencia nos vuelve completamente dueños de ella. La mayoría de las veces, a pesar de saber qué decisión tomar, no lo hacemos y eso nos trae consecuencias que en realidad no deseamos.

N: EL EQUILIBRIO, LA DUALIDAD

En numerología el 2 implica a otro. Son "dos 1"; es decir, las relaciones, la pareja, las sociedades, la dualidad como un equilibrio de los opuestos, la toma de decisión entre dos o más aspectos.

La dualidad es el equilibrio entre el mundo interno y el externo, e implica el desarrollo de la intuición y se potencia también lo perceptivo. Se asocia con lo femenino. Desde el concepto de línea de vida, son "dos 1 los que hacen al 2", el *yin* y el *yang*.

Cuando el 2 está en el día, el enfoque es desarrollar el alma y el interior gracias a la madurez que se vaya ganando. Aquí entran todos los procesos que tienen que ver con las relaciones, la pareja, la profesión, con los otros, con la toma de decisiones personales, con lograr un equilibrio entre el mundo interno y el mundo externo. Se trata de mantener presente la dualidad de la vida: sol / luna, día / noche, vida / muerte, *yin / yang*, etcétera; recordar siempre que la moneda tiene dos caras.

Cuando el 2 está en el mes conlleva una labor hacia el exterior. Esto puede ser mediante la actividad laboral o la profesión. Con frecuencia involucra la forma de generar ingresos para ganarse la vida, lo que llevará implícitas actividades que tienen que ver con la gente: relaciones públicas, diplomacia, política, relaciones humanas, establecer sociedades, generar alianzas, conectar gente entre sí. Habilidades por desarrollar hacia los demás: diplomacia, intuición, confianza, decisión.

El significado del 2 en general

En positivo: Cuando la energía del 2 vibra en positivo y hacia el desarrollo, lo hace con la posibilidad de generar una apertura de la intuición, la percepción y la emotividad para construir y establecer relaciones. Son buenos amigos, les gusta estar en equipos más que solos. Son capaces de integrar el mundo interno y el externo.

En negativo: Por otro lado, cuando el 2 vibra en negativo estanca la energía y se tiende a la dependencia (no concibe el 1, requiere de alguien más), a dudar de la intuición, lo que conecta con el temor y la indecisión. Se tiende a complacer a los otros, sobre todo a la pareja, lo que puede resultar en relaciones tóxicas donde se sea manipulado.

El 2 como misión de vida

Si tienes un 2 como misión de vida, tu labor es evitar que el miedo y la indecisión te lleven a establecer relaciones de dependencia. Tu principal aprendizaje es la comprensión y la cooperación, y utilizar tu capacidad de relacionarte para establecer convivencias sanas. Considera usar y desarrollar tu capacidad perceptiva e intuitiva; evita la indecisión, que te llevaría a altibajos emocionales. Es probable que tengas habilidades o capacidades opuestas, y a veces esta labor es porque en ti habitan los dos polos: el mundo material y el esotérico, la razón y la emoción, la sensibilidad y la estrategia, de ahí que sea importante que no pienses en elegir, sino en integrar, ya que ambos aspectos son parte de ti, sobre todo al transitar el camino de lo esotérico, donde tu intuición te guiará. Confía en ella. Recuerda que la pareja no es una sola entidad, sino que está hecha por "dos unos". Recuerda que la individualidad complementa, no absorbe.

El 2 como talento (regalo divino)

Capacidad para relacionarte a todos los niveles, en diferentes ámbitos, con personas de distinta edad. Tendencia a la obediencia como hijos o alumnos; capacidad de hacer sentir cómodo al otro sin importar quién sea o si lo conoces.

Es el número que sigue al 1, lo que deja claro que primero hay que trabajar en la autoestima, la independencia, la autonomía y después relacionarnos. Nada de lo que busquemos fuera de nosotros nos ayudará a constituirnos como individuos, y por lo tanto, difícilmente lo hará en una relación con otro.

NA: MUNDO INTERNO / MUNDO EXTERNO

El 2, desde la numerología, también implica las relaciones y reconocer que las personas que nos rodean, además de que nosotros las atraemos, son un espejo de nuestro interior. Si algo nos gusta o no, es independiente al hecho de que cuando vemos algo en el otro es porque eso habita en nosotros. Aquí sigue aplicándose el principio de que como es afuera, es adentro, y viceversa.

La autoestima no es un elemento que ocurra aislado, tiene que ver con la estima que nos tenemos, con el amor hacia nosotros mismos. Es el elemento que nos permite vincularnos con nuestro mundo interno, y si nuestra autoestima es baja, ¿cómo crees que serán nuestras relaciones hacia afuera? ¡Exacto! Serán un reflejo del amor y del cuidado que nos tenemos.

¿Recuerdas la planta interna? Pues imagina que en lugar de cuidar tú mism@ de tu planta, se la das a otro y este no la cuida y se empieza a marchitar: ¿lo permitirías, aunque vieras que la planta de ese otro crece frondosa, se fortalece y la cuida a costa de la tuya? Muy probablemente la respuesta sea *no*.

Entonces, ¿qué te hace permanecer en una relación que hace lo mismo con tu vida?

Imaginemos los siguientes comentarios: "Te entrego mi planta y no la cuidas", "Mi planta se marchita porque no la riegas", "¡Ve cómo la tienes…!", y otros más de este tipo que equivaldrían a decir: "¡Por tu culpa me pasa esto!", "Si no te hubiera hecho caso, no estaría en esta situación". Pensémoslo sólo por un momento: esto se trata más de una cuestión de decisión que de culpa.

La decisión de actuar siempre es propia; poner nuestra vida en manos de otra persona siempre es una cuestión personal. La decisión de no actuar o no decidir es simplemente de cada uno de nosotros, tanto como la de quitarle su planta a alguien más para que "no se preocupe" o porque "no sabe cómo", ¿y cómo podría saber, si le quitamos la responsabilidad de su vida para asumirla nosotros?

Las relaciones son vínculos y me gusta pensar en estos como lazos que nos unen a otro. La idea es tener relaciones que construyan, relaciones sanas: que nutran nuestra vida, nuestro espíritu y a nosotros mismos; relaciones donde no cabe la dependencia ni el chantaje, donde hay confianza y las cosas se hablan y se respetan; donde se sume y multiplique, y no se reste o divida. Al ser dos en una relación, automáticamente nos multiplicamos y por supuesto podemos sumar esfuerzos, mientras que si es una relación que nos resta energía, ganas, tiempo, nos divide y nos obliga a elegir entre una cosa y otra, a la larga no construye y nos permite jugar el papel de víctimas en la vida y decir que justo por esa persona no podemos hacer algo diferente a lo que hacemos. De ahí podríamos ubicar relaciones de dependencia, que considero no sanas y me atrevería a decir que adictivas, con padres, hijos, parientes, jefes, subordinados, amigos, etcétera. Cuando esto ocurre, nosotros mismos nos saboteamos para no hacernos responsables y seguir siendo víctimas. ¿Qué beneficio aporta esto a tu vida? Si la respuesta es "ninguno", ¿entonces qué te mantiene ahí? ¿Qué ves de ti en esa persona que te parece imposible dejar aun cuando te hace mal?

A veces el trabajo sustituye cualesquiera de las relaciones anteriores, no establecemos una con alguien y se vuelve una adicción. En este caso una "socialmente aceptada" que me gusta definir como *una adicción e incompetencia disfrazada de responsabilidad*, ya que se es incapaz para establecer relaciones. Creo que esta misma definición se aplica cuando nos *enganchamos* en una relación que nos absorbe energía y nos resta tiempo para nuestra propia vida, a la que aparentemente renunciamos sin problema; cuando anteponemos dicha relación como justificación de por qué no logramos o tenemos lo que deseamos, escuchamos a gente que dice cosas como: "¡Sí, caray, esto de mi hijo (hija, papá, mamá, jefe, compañero, pareja, etcétera) me está absorbiendo!", "Me gustaría, pero tengo que llevar (recoger, hacer, etcétera.) a mi hijo (hija, papá, etcétera)"; "Si no tuviera esta situación, ¡claro que lo haría!, pero ya ves, ¿a qué hora?". Son personas que ante la pregunta "¿Cómo estás?", su respuesta generalmente es: "Pues ahí la llevo, ya ves, sigo con lo de mi hermana, hijo, etcétera". Se han vuelto víctimas de sí mismos y de su propia situación de vida. Y cuando en lugar de una persona lo que se dice es "el trabajo", se refuerza mi idea de que hay una incapacidad para relacionarse, ya que esto te tendrá lejos de cualquier relación.

Con esto quiero introducir dos conceptos, que son la coherencia y la congruencia; en muchos casos se utilizan como sinónimos y para mí implican una distinción entre el mundo interno y el externo.

Pensemos que el cuerpo de una persona es una frontera y lo que pasa dentro sólo ella lo sabe: es aquí donde hablamos de coherencia, mientras que lo que se refleja fuera es la congruencia. Para mí, la distinción está en la concepción de lo que denominaré estructura de *coherencia*,[11] proceso que se da en la psique y por tanto es *interno*; es la relación entre lo que se piensa, siente, dice y hace, mientras que la *congruencia* tiene que ver sólo con lo *externo*, con lo que los demás identifican de uno, y generalmente se establece a partir de los comportamientos y lo que se dice, ya que no se conoce lo que pasa dentro de la persona. De tal forma, podemos decir que la congruencia es la relación que alguien externo ve entre lo que el otro dice y hace.

Quiero resaltar que cuando vemos incongruencia en la otra persona, sólo quiere decir que nos falta información acerca de ella, ya que uno siempre actúa conforme a su propia estructura de coherencia.

Actuar de forma congruente a la propia coherencia transmitirá confianza a los demás, y es desde aquí que se puede no sólo coordinar acciones sino construir relaciones diferentes. Es por esta razón que debemos considerar que entre lo que el otro piensa y se dice a sí mismo, hay una brecha que es un misterio y, como externos, sólo en sus acciones veremos el resultado de esta relación.

---

[11] Término de la ontología del lenguaje del que hablaré en el siguiente capítulo.

Es desde esta dualidad que podemos acceder a un nivel más alto de autoconocimiento y autoconciencia si entendemos que para acceder a nuestro mundo interno basta ver a nuestro alrededor: las relaciones que establecemos, las personas que se nos acercan y permanecen en nuestras vidas, las que se alejan, lo que cada uno nos genera, las emociones que tenemos cuando estamos con determinada persona, lo que nos molesta de otro, lo que nos decimos acerca de otros, lo que se le dice a alguien más, el lazo que uno tiene en cada una de las relaciones que establece, sin importar si es un familiar, amigo, jefe, compañero de trabajo. Esas personas están en nuestra vida porque nos muestran algo de nosotros. La pregunta es: ¿qué de mí me resisto a ver? ¿Qué es necesario que otro me venga a mostrar, o qué dice de mí lo que digo del otro?

A medida que adquieras mayor conciencia de que los otros son una extensión de ti y lo que te gusta o no de esas personas sólo es un reflejo de ti y de tu propia relación contigo, podrás tomar decisiones con respecto a qué tipo de persona quieres ser y cómo tus relaciones te lo potencian o no.

Para cerrar el capítulo contaré una anécdota. Alguna vez, en un curso, una persona me dijo: "Entiendo el concepto, y todo mundo habla de relaciones, pero ¿qué es una relación? ¿Cómo la definirías?". Me vino a la mente lo siguiente: "Hablar de relación es hablar de gente. Es como un lazo que conforme avanza el tiempo se va estrechando. Imagina que conoces a alguien y su encuentro te genera gusto, emoción y ganas de volver a ver a esa persona; cada encuentro es como si a partir del primero le hubieras entregado el otro extremo de un hilo muy delgado y lo fueras entorchando, con lo que se hace más y más grueso. Ir construyendo estos lazos gruesos es la confianza que vas adquiriendo en la otra persona y eso es lo que solidifica una relación". Hoy, además agregaría que no sólo se trata de ir engrosando el hilo, sino que se trata de emociones; hablar de relaciones es hablar de emociones.

....

PARA NUTRIR TU ALMA

Primero hay que tomar decisiones; después, hacerte cargo de las consecuencias. Construye relaciones sanas que te hagan crecer y desarrollarte, que saquen lo mejor de ti y aporten a tu propio crecimiento, que te multipliquen y sumen, jamás que resten o dividan. En el entendimiento de que la moneda tiene dos caras y que los opuestos hacen el equilibrio. No podría haber día sin noche y viceversa. Recuerda que generalmente vemos una sola cara de la moneda y eso implica que su opuesto está del otro lado.

Capítulo 3. La comunicación / Las emociones / El arte / Las ideas

La calidad de nuestras conversaciones determina la calidad de nuestras relaciones.

RAFAEL ECHEVERRÍA

A VECES SABER LO QUE UNO NO QUIERE ES TAN IMPORTANTE COMO SABER LO QUE QUIERE. Hemos visto la importancia de hacer algo con las decisiones que uno toma, para lo que, justamente, primero hay que decidir y eso implica sentir. Una vez, un hombre sabio me dijo que la lucha entre la razón y el corazón es el ego. Generalmente elijo lo que siento de la mano de lo que me hace bien. Es mucho más acertado, aunque no siempre lo más fácil.

El tema es el siguiente: el corazón siente y ya; no sabe nada de otra cosa. El ego, en forma de mente, se encarga de hablarnos. Habitualmente esto se traduce en: "Sí, ya sé que no está bien, pero[12] l@ quiero, o cómo le digo que no", o "La cabeza me dice que sí, que es lo mejor, y el corazón me dice

---

[12] Mi labor de nutrióloga del alma me invita a recordarte evitar el uso de *pero*; lo escribo ya que esto tal cual es lo que se dice la gente.

que no (o viceversa); no sé qué hacer". Si lo pensamos por un minuto, este debate entre la mente y el corazón es lo que no nos permite tomar acción. Pues bien, si entendemos esto y decidimos desde lo que nos hace bien, o mejor aún, desde lo que se *siente* bien, escucharemos desde una conciencia más corporal que mental. El cuerpo sabe: aprender a escucharlo sin que intervenga la mente es acallar al ego y elegir por nuestra felicidad. Otras veces uno no sabe exactamente qué quiere; lo que sí está muy claro es lo que no se quiere, y de ahí la frase al inicio.

Si sabes que determinada situación no está bien, deja de preguntarte qué vas a hacer o qué va a pasar. Si te va a hacer mejor decir *no* que permanecer en una situación que no quieres, sea de trabajo, pareja o familia, entonces di que *no* para sentirte libre. La libertad es una sensación, y una vez que la percibes ya no hay manera de regresar a donde no se tiene. Si haces lo que te corresponde, el Universo hará lo suyo; confía. A veces la decisión no es un asunto de opciones y elección sino de acervo. Lo que quiero decir es que cuando no se tiene la distinción de algo, o no se puede nombrar porque no se ve, se desconoce, ¿cómo entonces se podría decidir por algo que no se sabe que se desconoce? De ahí que incrementar nuestro acervo de emociones y vocabulario, entre otros recursos, es un tema relevante. Cuando no decides desde lo que te hace bien, tu cuerpo se encarga de hacértelo saber; el desequilibrio emocional se manifiesta en lo corporal. Si no te escuchas, escucha a tu cuerpo.

LR: MICROEXPRESIONES (GESTOS) - COMUNICACIÓN (BOCA-LABIOS) - ESTRUCTURA DE COHERENCIA - CONFIANZA Y MIEDO

Como mencioné al inicio del libro, gracias a una serie de televisión la lectura de microexpresiones se difundió y se dio a conocer la posibilidad de identificar las emociones de alguien a través de su rostro.

Desde la perspectiva de quienes leen rostros, hay siete emociones que se identifican en la lectura aunque muchas veces no somos capaces de identificarlas en nosotros mismos y nombrarlas. Por eso es habitual escuchar que a la pregunta "¿Cómo estás?", se conteste "bien" o "mal", aunque estas respuestas no son emocionales.

Las siete emociones que destacan son: alegría, miedo, desagrado,[13] tristeza, enojo, asco y sorpresa. En general la observación de estos rasgos tiene que ver con los ojos y la boca. En esta última se puede observar la capacidad de comunicación de alguien; el rasgo a observar es su tamaño: las personas con boca grande tienden a ser más extrovertidas, a mostrar confianza en sí mismos y a ser expresivos, mientras que las bocas pequeñas representan más a personas con tendencia a la introversión, más reservadas y precavidas. Las bocas grandes también son señal de generosidad.

Por medio de la boca nos comunicamos y uno de los factores inherentes en la comunicación es la confianza. En realidad esta es un juicio, no una emoción. Confiamos en

---

[13] *Contempt*, del inglés, se traduce como un sentimiento de superioridad moral.

alguien o no desde una creencia. En el capítulo anterior mencioné la confianza y cómo a través de esta se entorcha el hilo que refuerza una relación, también mediante la diferencia entre coherencia y congruencia, y en este apartado hablaré de cómo la relación entre estas, y la percepción que se genera, repercuten en los resultados a través de la confianza.

En realidad es muy sencillo: cuando nuestra congruencia, que es lo que los demás ven (el hacer es observable, y hablar en realidad también es una acción), está empatada con nuestra coherencia, se genera confianza, esta repercute en un compromiso con el otro y de ahí se derivan resultados. Por ejemplo, supongamos que pides permiso a tu jefe para faltar: si te dice que sí, no sólo con la voz sino con el cuerpo y con la boca, no hay señales de un doble mensaje; además de agradecerle, seguramente responderás igual cuando te pida que te quedes más tarde otro día. Aquí opera la ley universal de causa-efecto. Si cuando pido algo y sé que un *sí* es *sí* y no un *tal vez*, o un *no que se oye como sí*, entonces confío. Al confiar se vuelve recíproco el compromiso que conlleva los resultados. A manera de esquema, se vería de la siguiente forma:

Figura 2. Relación entre confianza y resultados

Coherencia-interno
(relación entre lo
que pienso, siento,
digo y hago)

→ Confianza → Compromiso → Resultados
(juicio)   (actitud)   (acción-tangible)

Congruencia-externo
(relación entre lo
que digo y hago)

La confianza es la base de cualquier relación: sin ella, no hay manera de que uno crea en el otro y mucho menos que desde ese lugar se tenga una relación sana.

Desde las emociones, hay un factor que resulta importante mencionar. En muchas ocasiones se abusa del miedo para permanecer como víctima; a menudo se asocia el miedo al fracaso como la razón por la cual uno no se anima a generar un cambio, sin embargo, desde la perspectiva de las dos caras de la moneda me pregunto: ¿y si no fuera miedo al fracaso sino al éxito? Muchas veces la respuesta a por qué no intentamos algo es: "¿Y si no sale como pienso?, ¿y si me equivoco?". Esto me hace pensar que el miedo puede ser al éxito. Tomemos en cuenta que la acción se da a partir de probabilidades: ¿y si saliera como lo piensas, o mejor aún? ¿Y si tienes éxito y lo que se acaba es la victimización en que estás? Así que, si de probabilidades se trata, también existen estas otras, que son el otro lado de la moneda. En todo caso, la pregunta a hacer es: si lo intentas, ¿qué es lo peor que puede pasar? ¿Y lo mejor? Me parece que si la decisión es por probabilidades, podrías enfocarte en las positivas, pues eso es lo que atraerás.

El miedo, lo mismo que las otras emociones, son una especie de radar que nos alertan sobre el camino que estamos eligiendo. El miedo nos deja saber que la decisión que estamos por tomar es trascendental y de vida. Pareciera que lo que da miedo es ser feliz, y en todo caso es sólo una creencia y pudiera no ser así. En general, esta es una creencia que se establece a partir de huellas emocionales que quedan en nuestra memoria celular. Hoy sabemos que si cambiamos la creencia, cambia la emoción, y en un desarrollo más profundo dice Rolando Toro que si la huella emocional se generó por una vivencia, puede transformarse por medio de otra que la resignifique. Es un tema de reconexión con la vida misma y con la toma de decisión a través de los instintos.

Mucho se ha hablado desde los años noventa de la inteligencia emocional. En lo personal no concuerdo con esta teoría, que me parece muy intelectual para hablar de emociones. Las emociones no se piensan, no se razonan, no se discuten: se *sienten*. Desde mi perspectiva, más que de lograr un control de las emociones, hablaría de generar una estabilidad emocional, la cual identifico como una sintonía con la misma frecuencia del Universo. Es como una estación de radio: si se desea escuchar a determinado locutor, deben ocurrir dos cosas: sintonizar la estación donde labora dicho personaje y hacerlo a la hora en que está al aire, si no, no lo podríamos escuchar. Cuando estamos en sintonía, ocurre lo mismo: nos escuchamos, y hacerlo a tiempo resulta doblemente gratificante. El Universo siempre está a tiempo, así que sólo nos queda a nosotros sintonizarnos.

Si bien la escucha es la parte más activa en una conversación, no me refiero a sólo oír la voz; hablo de escuchar al cuerpo, este sabe, y para lograrlo hay que estar en sintonía con uno mismo. Que el cuerpo enferme es un indicador de que donde estás, o con quien estás, no te da bienestar; es mejor salir de ahí, por salud. El principio es el mismo: si adentro las emociones o los pensamientos no son sanos, nuestro cuerpo lo manifiesta. Hay dos acciones que son opuestas y excluyentes entre sí: hablar y escuchar. Si uno habla no escucha, y para escuchar se requiere no sólo estar en silencio, hay que acallar nuestra voz, me refiero a la interna; se trata de *sentir*.

Existe un concepto que la ontología del lenguaje propone como *estructura de coherencia*. El principio es que existen tres dominios primarios en el ser humano: cuerpo, emoción y lenguaje, y se puede acceder a cualesquiera de ellos a través de los otros dos. Cada individuo tiene su propia estructura de coherencia y siempre es coherente con ella; de ahí mi distinción entre coherencia y congruencia.

Las emociones preceden a la acción, y a su vez son generadas conforme a una creencia o juicio. Las acciones generan resultados, es decir, si queremos cambiar nuestros resultados, además de hacer conscientes nuestras creencias, es importante empezar a escuchar en qué emoción se ha instalado cada uno. ¿Qué emoción te domina durante el día?

N: TALENTO ARTÍSTICO / LOS HIJOS

El 3 hace referencia a las emociones, a la comunicación y lo que se deriva de estas, como culturas, idiomas, historia, arte; también se relaciona con los hijos, con las ideas y con la creatividad. Desde la visión de la línea de vida, la pareja (2) y el bebé (1) hacen tres.

Cuando el 3 está en el día, el enfoque es a desarrollar el alma y el interior poniendo en práctica algún talento artístico o afición por las bellas artes. Es confiar en la capacidad de generar ideas, en la sensibilidad y la capacidad de comunicación. Implica desarrollar una estabilidad emocional. Su mundo son las emociones y las sensaciones.

Cuando el 3 está en el mes, conlleva una labor hacia el exterior por medio de la actividad laboral o la profesión, con frecuencia hacia la forma de generar ingreso para ganarse la vida, con actividades implícitas que tengan que ver con ocupaciones como actores, historiadores, comunicadores, escritores, artistas, artesanos, padres o madres, filósofos, arquitectos; carreras enfocadas a lo estético, organizadores de eventos, comerciantes. Son buenos en áreas comerciales. Habilidades por desarrollar hacia los demás: sensibilidad, confianza, algún talento artístico, comunicación, persuasión, alegría, optimismo.

El significado del 3 en general

En positivo: Cuando la energía del 3 vibra en positivo y hacia el desarrollo, lo hace con alegría, con energía, es "ajonjolí de todos los moles", tiene chispa, es sensible, muy probablemente tenga y ejerza algún talento relacionado con cualesquiera de las bellas artes, hace gala de sensibilidad, tiene una visión optimista. Tiende a expresar lo que siente. Como padres, son muy orientados a sus hijos.

En negativo: Por otro lado, cuando el 3 vibra en negativo, estanca su energía y tiende a dispersarse, le cuesta concentrarse, todo le emociona, brinca de una cosa a otra en el momento en que se aburre; le cuesta trabajo seguir el hilo de las cosas, es percibido como inconstante, es hipersensible, siente culpa o celos, tiende al pesimismo, se le dificulta concretar sus ideas, que son muchas e innumerables.

El 3 como misión de vida

Su aprendizaje está en la autoexpresión, aplicar su visión optimista y ejercer su capacidad comunicativa. Cuando descubra su talento artístico, es ideal que lo lleve a la práctica, al menos como pasatiempo. Tendrá aptitudes para aprender distintos idiomas. Tendencia a los estudios, una necesidad de investigar, de saber y de participar en todo. Se automotiva; todo le gusta, todo le interesa, y necesita aprender a ponerse plazos o tareas cortas que pueda alcanzar en periodos pequeños de tiempo que le permitan ver sus logros, para que no se aburra y continúe desarrollando su constancia. Establecer horarios, hábitos y rutinas le ayuda a continuar y le permitirán sucesivamente ir remplazando las metas cumplidas por otras nuevas para evitar la dispersión o la fuga de energía. Una de sus tareas a realizar es el desarrollo y ejercicio de la constancia, ya que de no hacerlo le acarrearía cambios de humor. Es importante que se enfoque en disfrutar sin culpa. Un objetivo fundamental para una "misión de vida 3" tiene que ver con el logro de su continuidad a través de los hijos y/o discípulos.

El 3 como talento (regalo divino)

Positividad, optimismo, desarrollo de múltiples capacidades; amoroso, sensibilidad (sobre todo artística), actitud de seguir adelante pase lo que pase; no dejarse influenciar por lo negativo, comunicar emociones.

NA: EMOCIONES Y COMUNICACIÓN ONTOLÓGICA

Uno de los principios de la ontología del lenguaje es que a mayor calidad en nuestras conversaciones, mayor calidad en nuestras relaciones.

La ontología del lenguaje es una teoría construida por Rafael Echeverría que da origen al *coaching ontológico*. Echeverría toma prestado de la filosofía el término *ontología*[14] y resignifica dos conceptos que me resultan importantes: el primero es que cambia el concepto de *ser* por el de *devenir*; y el segundo es que no se trata de un tema de verdad o de razón sino de *poder*, en su sentido de posibilidad. Esto implica que una persona no es de determinada forma, *puede* ser diferente. Lo que uno ha sido hasta el día de hoy, no tiene que permanecer si uno no quiere; podemos cambiar y esto se hace a través del lenguaje.

A diferencia de Descartes, quien dijo *Pienso, luego existo* y que abrió un periodo en la humanidad donde la razón predominaba sobre todas las cosas, la ontología del lenguaje presupone que no es la razón lo que hace humano al ser humano; es el lenguaje, ya que aun para razonar es necesario este.

De ahí que esta concepción asuma que somos seres conversacionales y que las relaciones se establecen a partir del tipo de convivencia que se quiere tener con la otra persona; por lo tanto, los resultados que tenemos o no son generados por las conversaciones que sostenemos y las que dejamos de tener.

En capítulos anteriores he recalcado la importancia de que lo que vemos en nuestro exterior es porque está en nuestro interior. Pues bien, las conversaciones inician en nuestra mente. Hay dos tipos de conversaciones: las públicas y las privadas.[15] Las públicas pertenecen al mundo externo, equivalen al lado derecho de la cara, son las que tenemos con alguien más,

---

[14] Rama de la metafísica que explica por qué las cosas son como son y no otra cosa.

[15] Se tratará el tema de lo público y lo privado en el capítulo 6.

mientras que las privadas corresponderían al lado izquierdo del rostro y son las que sostenemos con nosotros mismos. Ahora bien: ¿qué te dices?, ¿qué palabras son las que resuenan con más frecuencia en tus propias conversaciones?, ¿qué palabras realmente son tuyas y cuáles escuchaste tanto que las hiciste tuyas?

En el capítulo 1 hablé de percepción y mencioné que lo que vemos es resultado de lo que creemos. Así pues, derivado de lo que vemos deviene lo que sentimos, y eso que sentimos es lo que denominamos emociones.

Pensemos por un momento. Con base en lo que sientes, actúas con una persona; es la emoción la que rige nuestras palabras y la intención de ellas, y son estas palabras las que aportan a la construcción de la relación que tenemos con esa persona, o no. Si lo que rige es el tipo de convivencia que quiero tener con esa persona, ¿qué oportunidad le estoy dando de reforzar nuestra relación con lo que digo o pienso de ella?

Retomando el concepto del lazo que se va construyendo, quizá surja la pregunta: ¿y cómo construyo ese lazo? Para explicarlo usaré un concepto que Stephen Covey denomina la *cuenta de banco emocional*: lo explica como una metáfora que sugiere que cada interacción con otro ser humano puede clasificarse como un depósito o un retiro, igual que en una cuenta bancaria; por ejemplo, uno hace depósitos en la confianza de otra persona mostrando amabilidad, cumpliendo promesas, honrando expectativas, demostrando lealtad y ofreciendo disculpas. En otras palabras, aportas algo a la relación; construyes y reparas.

Los retiros son lo opuesto: conductas y acciones que demuestran rudeza, ruptura de promesas, incumplimiento de expectativas, duplicidad y demasiado orgullo para aceptar errores y ofrecer disculpas van vaciando la relación. Los retiros disminuyen la confianza en las relaciones.

En toda relación, los únicos depósitos y retiros que uno puede controlar son los propios. Para crear confianza debes elegir tratar cada problema y cada interacción con otra persona como una oportunidad para hacer un depósito en la *cuenta de banco emocional*; al hacerlo creas tu propia seguridad y la de los demás. Propicias integridad, creatividad, autodisciplina y aprecio, y nutrir una relación desde ahí ¡resulta espectacular!

Por otro lado, una actividad laboral que considero nutrición pura para el alma es la comercial. Aunque al respecto tengo todo un desarrollo que bien podría ser materia de otro libro, en este momento me limitaré a establecer los conceptos que se relacionan con este capítulo: la comunicación, las emociones, la palabra.

Como mencioné antes, desde mi perspectiva el término *ventas* está devaluado, de ahí que hablaré de *agente comercial* para referirme a la persona, o áreas comerciales para referirme a las empresas o a las áreas propiamente dichas. El primer punto que implica nutrir el alma desde la perspectiva comercial es un tema de identidad. Muchas personas llegan a ello "porque no había de otra", o "mientras consigo algo mejor", y de la mano está: "¡Cómo les voy a decir a mis amigos que vendo!". Este concepto, en realidad, tiene que ver con cómo te lo dices a ti: ¿qué piensas de ser un agente comercial? ¿Qué hay del otro lado de la moneda?

¡¿Qué pensarías si te digo que tienes ante ti la oportunidad de ser tu propia fuente generadora de abundancia?! Algo que los grandes agentes comerciales saben y han vivido es que el ingreso generado a partir de la actividad comercial depende de uno mismo y no tiene límite; esencial y tradicionalmente, la labor comercial es la forma en que el ingreso entra a la organización y por tanto la generación de utilidades, sin mencionar que también entra al bolsillo de la persona que realiza las operaciones.

Más allá de sólo utilidades e ingreso, vender es más una habilidad que una actividad. Desplegar esta habilidad implica desarrollar la autoestima: desde trabajar con juicios como "yo no sé vender", "no sirvo para eso", "no puedo", "es sólo mientras encuentro otra cosa", hasta vencer los miedos al rechazo, al error o al fracaso, y aquí nuevamente entra el concepto de que la moneda tiene dos caras y que los opuestos hacen el equilibrio. La labor comercial es justo la actividad que deja en evidencia lo que podemos lograr con nuestras acciones; es un estilo de vida en el que si no hay objetivos, se verá falta de resultados; si no hay seguimiento de lo emprendido no se concretará la operación, y el tiempo que se invierte es directamente proporcional al nivel de ingreso que se logra. Además, el que los resultados se midan no es para todos.

Desarrollar la habilidad comercial implica trabajar desde el interior; implica primero elaborar los miedos y constituir una autoestima fuerte desde donde uno sea responsable de sus propios éxitos o fracasos, de sus acciones. Supone entender que el rechazo de un cliente no es personal, es a la propuesta, y quizá tenga que ver con una falta de claridad de expresión o de entendimiento de lo que el otro requiere.

Si quitamos las etiquetas de "ventas" o de "área comercial", el desarrollo del vendedor no es diferente al que le implicaría a cualquier otra persona crecer y desarrollarse internamente; de ahí que cuando alguien quiere ver modificada su vida, mi recomendación es que ingrese en el área comercial: inherentemente conlleva un profundo trabajo de autoconciencia y autoestima que además se mide y se puede observar.

Hay tres formas que harán que la gente pague por algo: 1) es algo que no saben, 2) algo que no quieren hacer, o 3) algo que no pueden hacer; así que si tú sabes, quieres o puedes hacer lo que el otro no, seguramente podrás conseguir que te compren y paguen para que tú lo hagas, y esa es una labor comercial.

Por la cantidad de evidencia que refleja la labor en áreas comerciales, he elaborado la teoría de que quizá esta es una donde no hay cabida para la gente acostumbrada a victimizarse y a responsabilizar a otros de su vida, porque, recalco, nuestra actitud determina nuestros ingresos y la venta depende sólo de la persona que la lleva a cabo y de su actitud. De acuerdo con Jim Rohn, nuestro nivel de ingresos nunca podrá ser mayor a nuestro propio desarrollo. Esto último me da pauta para abrir dos temas: el dinero y la abundancia, de los que hablaré en los capítulos 4 y 8, respectivamente.

....

PARA NUTRIR TU ALMA

Poner el corazón en lo que se hace, no sólo en la actividad comercial, es importante. Recordaré el concepto de que la actividad laboral nutre el espíritu, y esa nutrición comienza desde querer lo que se hace. En poner el corazón está la pasión, y esta es la mejor guía para alcanzar nuestros sueños y acaso de su trascendencia.

Capítulo 4. La concreción, lo material, el dinero

Nuestra actitud determina el nivel de nuestros ingresos.

IVAN MISNER

A VECES NUESTRA PASIÓN ES LA QUE NOS ENCUENTRA, y para que podamos identificarla, necesitamos estar listos: en nuestro centro, en nosotros; en armonía con nosotros mismos y con el Universo. Sin embargo, quizá tenemos incertidumbre ante lo que vamos a hacer, y al mismo tiempo certeza por haber salido de donde no queríamos estar o nos hacía mal aun cuando quisiéramos permanecer. Decidir desde ahí es comenzar a materializar conscientemente.

Hace varios años, antes de comenzar con la numerología, ¡leía el tarot! Fue un poco por medio de este que llegué a la numerología. ¿Te imaginas el conflicto que me generaba hacerlo, y ser la académica que comentaba? ¡Era enorme, y el secreto mejor guardado...! Sin embargo, en ese momento de crisis el tarot y la numerología eran el camino que se me estaba abriendo y decidí transitarlo a pesar de mi conflicto, lo que poco a poco me fue llevando a la integración que ya te conté.

Por aquella época solía leer el tarot en un lugar cercano a la universidad, y ahí fue donde empecé a manejar la energía del dinero de forma diferente. Como estaba en crisis, solía decir: "No tengo dinero", "No me alcanza", "Tengo muchos gastos", "Debo mucho", sin darme cuenta de que justamente por decirlo esa era exactamente la realidad que me estaba construyendo: una sin dinero, con gastos y deudas. Esto me lo hizo notar otra persona, que también leía el tarot. Un día me dijo: "¿Y cómo vas a tener dinero, si siempre dices que no tienes?". Eso me hizo pensar.

También en esa época, por medio de una alumna llegó a mis manos el libro de Robert Kiyosaki, y leerlo fue un parteaguas; literalmente, un antes y un después. Y algo pasó. Al cambiar mis pensamientos, cambió mi emoción con respecto a mi situación, empecé a tomar decisiones y acciones diferentes, y mi mundo —y economía, debo decir— cambió.

Otra idea que quiero traer para iniciar este capítulo es la actividad laboral. Si esta es alimento del espíritu, y nos la pasamos quejándonos del jefe, del horario, de la distancia, de algún compañero… Como todo en el Universo, hay posibilidades. Lo que puede ocurrir con eso es que, con tanta queja, el Universo nos lo quite; si nos molesta tanto, se dirá, ha de ser que no lo queremos, y *bye!* Esta alternativa no me parece tan grave, ya que al menos nos pondrá en el punto de poder elegir lo que queremos y que verdaderamente nos haga felices. Me parece más crítica la alternativa: que no nos lo quite y nos quedemos ahí, con esa energía, ya que con ella nutriremos nuestro hogar y nuestra familia.

Cuando digo que la actividad laboral es alimento del espíritu, es literal, ya que esta nos genera dinero, que es energía y nos está llegando con esa energía de queja, la cual llevamos a casa y con ella nos pagamos nuestra vida. ¿Te imaginas cargar con esa energía de molestia y queja todo lo que tienes? Estoy segura de que podrás ver las consecuencias si esto es así. La buena noticia es que puede evitarse. Veamos…

LR: MANEJO DEL DINERO / ESTRATEGIA (NARIZ - ORIFICIOS [OREJAS]) - APEGO A NORMAS (TIPO FRENTE) - DINERO - LIBERTAD FINANCIERA - ESTRATEGIA

En el rostro se reflejan aspectos de nosotros, incluida la forma en que manejamos el dinero.

En la nariz, que es un rasgo de montaña con energía *yang*, podemos ver este aspecto. Se puede apreciar el manejo de dinero desde un concepto de gasto o dificultad para soltarlo, lo que vemos en los orificios de la nariz; entre más grandes, quiere decir que la gente está más dispuesta a pagar o gastar el dinero. Orificios pequeños implican justo lo opuesto: que a la gente le cuesta trabajo soltar el dinero. Recordemos que el equilibrio se encuentra en el dar y recibir; si el dinero no se mueve, no fluye y se estanca.

Por otro lado, si la nariz es recta, son personas que requieren de estrategia, de seguir procedimientos, a quienes les gusta la estructura, temas que desde la numerología se relacionan justamente con el 4.

Las orejas son la otra parte del rostro donde podemos identificar asuntos relacionados con el dinero. Cuando son delgadas, se asocian con personas que prefieren no correr riesgos financieros.

En esta sección, más que hablar de riesgos financieros, quiero tocar el tema de la libertad financiera, que se asocia directamente con el pensamiento de abundancia que se verá en los capítulos 7 y 8; el abordaje en este capítulo se enfocará más en las acciones, en la concreción, idea que lleva, inherente, la del dinero.

Para entender el concepto de libertad financiera plantearé primero el del dinero. T. Harv Eker utiliza un ejemplo que me gusta y que explicaré a continuación: piensa en un árbol lleno de manzanas. Imagina que las manzanas son el dinero; es lo que vemos, el fruto, el resultado del cuidado del árbol. ¿Lo ves? Ahora bien, si la cantidad de frutos o su calidad no fueran como quieres, ¿cómo harías que el árbol diera mejores frutos? ¿Te enfocarías en ellos, o en sus raíces? Muy probablemente, entendiendo que los frutos son resultado y no causa, tu respuesta sería que te enfocarías en las raíces. Lo mismo pasa con el dinero.

El dinero es la materialización (mundo externo) de nuestro propio desarrollo (mundo interno). Los frutos equivalen al dinero, y las raíces a nuestros pensamientos. Para tener mejor o mayor calidad en el dinero, revisa los pensamientos que tienes con respecto a él.

Aunque al hablar de la mente y la abundancia en los capítulos 7 y 8, respectivamente, podrás conocer cómo funciona esto de consecuencia y causa, no es mi intención centrarme en los pensamientos de escasez, solamente te pediré que identifiques las palabras que asocias con el dinero y las escribas; más adelante te serán de utilidad. Entre lo que más comúnmente escuchamos está: "No tengo dinero, no me alcanza para nada, está carísimo, así como llega se va", etcétera. Si identificas que alguna de estas frases suena a ti, casi te puedo pronosticar, sin conocerte, que el dinero no es lo que abunda en tu vida. ¿Me equivoco?

El dinero no es la excepción para construir un vínculo sano; si estuvieras en una relación y escucharas constantemente "no alcanza, no tengo", etcétera, ¿te quedarías? Muy probablemente respondiste que no. Pues el dinero tampoco: hay que quererlo, cuidarlo y nutrirnos de él y con él para también ser nosotros su nutriente. Recuerda, el dinero siempre es consecuencia, jamás causa.

Claramente, sin dinero no puede haber libertad financiera. Robert Kiyosaki, en su libro *Padre rico, padre pobre*, explica cómo hacer que el dinero trabaje para ti y no tú por dinero. Ubica cuatro niveles de personas: los empleados, los autoempleados (profesionales independientes), los dueños de negocio y los inversionistas. Las dos primeras categorías asumen un ingreso lineal; si bien en la segunda se deja de trabajar para una empresa y uno se independiza, se sigue operando como empleado, buscando que alguien nos pague un sueldo por hacer lo que hacemos, enfoque que cambia con el dueño de negocio, quien ya tiene personal a cargo para hacer las cosas. Justo es en los dos últimos niveles donde se podrá acceder a la libertad financiera.

Kiyosaki maneja un concepto al que llama la *carrera de ratas*, haciendo el símil con un hámster que gira y gira en una rueda sin poder parar; entre más rápido corre, más rápido gira y se vuelve más difícil salir del círculo. Dice que este es un patrón establecido a partir del miedo, o a la ambición, en el que la clase media[16] ha sido educada; de niños, sus padres les dicen que tienen que estudiar para tener un buen trabajo y comprar

---

[16] El autor usa los términos *clase media* y *millonarios* haciendo referencia a una forma de pensar.

su casa, y entonces eso pasa: se estudia una carrera o maestría, se entra a una empresa, en un buen puesto que va en ascenso; uno se casa, tiene hijos y eso implica comprar una casa más grande, una camioneta o auto más grandes, para lo que adquiere préstamos y después, como se contraen deudas, no se puede dejar de trabajar para pagarlas y se entra así en la carrera de ratas.

Anteriormente hablé del autoboicot como lo que hacemos cuando no asumimos nuestro derecho a ser felices, y justamente este autoboicot, a través del ego, entra en juego para no permitirnos crecer hasta tener libertad financiera. Ya había establecido la asociación entre la autoestima y la actividad laboral, diciendo que ambos son alimento para el espíritu; considerando que lo laboral es un factor externo, sólo podrá ser resultado de uno interno, que en este caso vamos a asumir es la autoestima. Tiene sentido: el nivel de ingresos que tenga va a estar directamente relacionado con la nutrición de mi planta interior. En palabras de Ivan Misner, tu nivel de ingresos está determinado por tu actitud.

En cambio, dice Kiyosaki, los millonarios no piensan en trabajar por dinero: piensan en cómo hacer que el dinero trabaje *para* ellos. Para eso distingue entre activo y pasivo, aunque con una concepción diferente a la que plantea la contabilidad tradicional. Define como *activo* todo aquello que pone dinero en tu bolsa, y *pasivo* todo aquello que saca dinero de tu bolsa; el concepto es tan sencillo que suena complicado y en realidad no lo es. Si uno compra una casa y paga por ella mediante un crédito hipotecario, este saca dinero de tu bolsa, es un pasivo; en cambio, si compras una casa, la rentas y con esa renta pagas otra casa donde habites, es un activo, estás poniendo dinero en tu bolsa. La idea de la libertad financiera es muy fácil: hazte de activos que paguen el total de tus gastos. En el momento en que pones en tu bolsa dinero que paga por tus cosas, estás haciendo que el dinero trabaje para ti. A este ingreso, derivado de activos, Kiyosaki lo denomina *ingreso pasivo*.

He aquí algunos conceptos recopilados de varios autores que suman algunos conceptos propios para tener ingreso pasivo y libertad financiera:

1. Controla tus finanzas. Establece objetivos (en la sección de nutrición del alma de este mismo capítulo encontrarás la forma de hacerlo).
2. El empleo es sólo una solución de corto plazo a un problema de largo plazo.
3. Trabaja gratis y pronto tu mente te mostrará maneras de hacer dinero; se aprende a ver lo que otros no ven.
4. Lo importante no es cuánto dinero ganas sino cuánto conservas.
5. Ahorra 10% de tus ingresos.
6. Invierte otra parte de tus ingresos.
7. Da caridad.
8. Paga tus impuestos con gusto.
9. Paga con gusto tus cuentas (con esa energía das el dinero y con esa misma te va a regresar); tus facturas por pagar implican que alguien confió en ti. Cumple y cierra el pago con gusto.
10. No mantengas deudas; energéticamente, al hacerte de una deuda una parte de ti se queda con la otra persona y viceversa.
11. Enfocarte en las deudas sólo hará que estas crezcan. Enfócate en el pago.

12. Haz un plan para pagarlas: si las sigues viendo en el futuro, permanecerán.
13. Diferencia activos de pasivos.
14. Aprende de ventas y finanzas.
15. Un negocio es una empresa comercial y rentable que trabaja sin ti.
16. Adquiere bienes raíces que generen ingresos.
17. Invierte en negocios que no requieran tu presencia.

Estas son sólo algunas ideas. Sin embargo, para que estas se materialicen es importante hacer un plan, lo que también se conoce como *estrategia*. Hablar de estrategia es hablar de futuro, y para ir construyéndolo hay que establecer metas, objetivos; saber a dónde se va a llegar. Es como un viaje: para definir qué necesitaremos hay que saber a dónde vamos. Mi recomendación: comienza por establecer objetivos para concretar, para materializar, y empieza a hacer conscientes tus pensamientos acerca de ti, del dinero y de tu vida. Recuerda que lo que tienes o no sólo es resultado de tus pensamientos.

N: LA CONCRECIÓN / LOS PROCESOS / EL "DEBER SER"

El número 4 se asocia con las normas, las reglas, los procesos, la estructura, el "deber ser", la autoridad, el padre, la concreción, lo material. En la línea de vida implica la estabilidad, lo laboral. Con el 4 inicia la segunda tríada de números, que asumen un enfoque social o público, hacia los demás, hacia el mundo externo.

Cuando el 4 está en el día, el enfoque a desarrollar es el alma y el interior estableciendo estructuras, estabilidad, procesos. Requiere concretar, materializar. Lo guían la lógica, el análisis profundo y la búsqueda de la novedad que realmente pueda ponerse en práctica, lo cual implica disciplina que es capaz de ejercer.

Cuando el 4 está en el mes, conlleva una labor hacia el exterior; esto puede ser mediante la actividad laboral o la profesión, en ocupaciones como auditoría, milicia, ingeniería, elaboración de manuales, labores administrativas o contables. Habilidades por desarrollar hacia los demás: concretar proyectos o tareas, elaborar procesos, establecer orden, crear estructuras donde no las hay.

El significado del 4 en general

En positivo: Cuando la energía del 4 vibra en positivo y hacia el desarrollo, lo hace con disciplina puesta en práctica para establecer orden, estructuras, materializar y concretar ideas. Es capaz de generar dinero, le viene bien seguir órdenes, tener un enfoque a resultados.

En negativo: Por otro lado, cuando el 4 vibra en negativo, estanca la energía y le cuesta ser neutral, es inconstante y poco perseverante, de pocos amigos, se apegan al procedimiento o al "deber ser"; pueden ser vistos como tercos e impacientes. Reaccionan inflexiblemente. Llegan a establecer una adicción al trabajo. Descansan poco, aun cuando estén cansados; son "inagotables", necesitan estar en constante acción y movimiento. Tienden a mostrarse duros en sus emociones.

El 4 como misión de vida

Esta energía pone el foco en el trabajo remunerado y concreto durante toda su vida. Lo material le es importante. Necesita ver concretados en lo material todos sus proyectos, así como organizar su vida de forma ordenada y disciplinada. El 4 analiza, planifica, equilibra. Se le recomienda cuidar que la estructura sobre la cual se sostiene tenga bases sólidas y a la vez sea flexible para que se permita enriquecerla, aceptando los cambios y evitando las posturas obcecadas, cerradas, que lo paralizarán y no le permitirán avanzar.

El 4 como talento (regalo divino)

Capacidad de ver el centro o de ir al meollo de cada circunstancia. Resuelve cosas.

NA: ESTABILIDAD / OBJETIVOS Y RESULTADOS

La estabilidad se puede enfocar desde muchas perspectivas, las más comunes son la emocional y la económica. Y si aplicamos el concepto de los dos lados, tenemos los dos extremos de la misma moneda, lo que desde nuestro ya conocido interno-externo implica que si uno está estable emocionalmente, eso se reflejará en estabilidad en nuestro mundo externo.

Como vimos al inicio de este capítulo, el dinero sólo es la manifestación del mundo interior, y sin embargo también podemos usar este principio al revés. Pregunta: ¿si tuvieras mayor estabilidad económica, te sentirías más contento y más estable emocionalmente? ¿Cómo podrías tener mayor estabilidad económica? Muy simple: plantéate objetivos.

Los objetivos no son subjetivos y por eso tienen el poder de hacer que las cosas dejen de ser ilusiones; se pueden medir, cuantificar, y de esta forma, entre mejor definidos estén y con más claridad se expresen, su atracción será más fuerte. Definen nuestro rumbo y por tanto nuestros resultados.

La falta de claridad en los objetivos es lo que hace que las estrategias fracasen. Tenerlos es la diferencia entre quienes sólo sueñan y quienes concretan estos sueños; aunque parece de lo más obvio, su éxito o fracaso tiene un secreto: el verbo.

Sí, el verbo. Aprendimos en primaria que todo verbo es acción; sin embargo, en la práctica diré que no y de ahí que utilice un término que denomino *verbos de acción*. Por ejemplo, si te pido que te pares, ¿dudarías de lo que hay que hacer? Seguramente respondiste que no. ¿Podría yo saber si lo llevaste a cabo? Claramente. Pues bien, esto es porque es un verbo de acción. Otro ejemplo: si te digo *ayúdame, mejora, incrementa*, ¿sabrías lo que tienes que hacer? Muy probablemente no, ¿y obtendría yo *exactamente* lo que quiero? También es muy poco probable. De ahí que la característica de los verbos de acción es que la acción es clara, como saltar, sentarte, pararte, pintar, reír, etcétera. Ese es el filtro: di sólo el verbo, y si la acción está clara es un buen verbo para un objetivo; sobra decir, para que no sea subjetivo, que la acción a realizar es clave.

Para establecer un objetivo es importante identificar qué te motiva. Jim Rohn dice que existen cuatro grandes motivadores además del deseo económico natural. Aquí la pregunta es: ¿qué te motiva a ti? a) el reconocimiento; b) la sensación de victoria; c) la familia, o d) la generosidad.

Con estos puntos establecidos, ¡estás listo para empezar a plantear tus objetivos! A continuación, a partir de hacer una integración entre las propuestas de Jim Rohn y Brian Tracy, y mi práctica enseñando a redactar objetivos, te comparto ocho pasos que te permitirán tenerlos tan claros que será muy fácil que veas los resultados, lo que, dicho sea de paso, es el logro de los mismos. Así que, ¿quieres tener resultados diferentes? Inicia por definir el objetivo de lo que quieres. ¿Listo/a?

Paso 1: *Haz una lista de tus logros.* Enlista cinco logros *muy* importantes que hayas tenido y que te hayan dado satisfacción. ¿La razón? Si ya has logrado cosas, lo puedes volver a hacer. Ya conoces la sensación de triunfo, ¡vuelve a estar ahí!

Paso 2: *Retoma y* MARTE. Antes de iniciar esta lista identificaste verbos de acción; es el momento de retomarlos y usarlos. Redacta tu objetivo a partir de un verbo de acción en infinitivo, es decir, con terminación ~ar, ~er, ~ir, y filtra tu objetivo por MARTE, que es el acrónimo para Medible, Alcanzable, Realista, Tiempo, Específico. ¿Tienes una unidad de medida en tu objetivo? ¿Cuál? ¿Lo puedes alcanzar? ¿Ya lo has hecho antes? ¿Es factible y posible que suceda? ¿Tienes un tiempo definido para que ocurra? ¿Deja lugar a dudas? Enséñaselo a alguien (lo que implica que lo tengas por escrito) y pregúntale: ¿tendrías duda de qué hay que hacer, para cuándo, y sabrías si se hizo? Si no hay dudas, ¡felicidades!, tienes un objetivo y no un subjetivo.

Paso 3: *Redacta tus objetivos en positivo.* Expresa lo que *sí* quieres lograr y evita usar la palabra *no* en tu redacción. Puedes empezar por pensar en lo que no quieres lograr, por ejemplo "no quiero ser desordenada", y transfórmalo en una frase en positivo, "quiero ser ordenada". Aunque este es un ejemplo de redacción, no lo es de objetivo: primero, porque no hay verbo de acción en infinitivo, y segundo, porque es mucho menos MARTE. Un buen inicio para un objetivo a partir de este deseo podría ser, por ejemplo, "Ordenar mis finanzas".

Paso 4: *Pregúntate: "¿Para qué lo quiero?"* Aquí es donde entra el motivador que elegiste al principio, antes de la redacción. Un objetivo generalmente responde a la pregunta "¿para qué?". Si tu motivador no es tan grande como para que quieras ver el resultado, ¿qué haría que verdaderamente quisieras conseguir tu objetivo y no lo abandones a mitad del camino? Tener identificado el motivador que te genera emoción y alegría para conseguir este resultado es lo que te va a permitir sortear obstáculos, ya que lo deseas tanto que lo vas a lograr.

Paso 5: *Haz listas. Identifica obstáculos y recursos.* Este es el momento de tomar una decisión acerca de los cambios en tu vida; ¿cuáles son los obstáculos a los que te puedes enfrentar, y con qué recursos (habilidades, conocimientos, personas, tiempo, dinero, etcétera) cuentas para lograr tu objetivo? (Haz una lista de ambos.) Ya que estás en la sección de listas, haz otra de cosas por hacer: para lograr tu objetivo, ¿qué actividades o tareas requieres hacer? Incluye en esta las tareas o cosas que necesitas hacer para sortear los obstáculos que identificaste.

Paso 6: *Hazlo parte de tu agenda y recompénsate.* Para alcanzar tu objetivo, divídelo en pequeñas tareas para que te sea fácil alcanzarlo; retoma la lista que hiciste en el punto anterior. Imagina: ¿en cuánto tiempo lo quieres lograr? ¿Qué pasos necesitas dar para lograrlo? ¿Cuándo vas a empezar? ¿Cuándo vas a hacer cada cosa? Es aquí donde poner actividades en tu agenda te encamina a concretar. Dedica una parte de tu día, de tu semana, de tu mes, a avanzar en tu objetivo; si no, ¿cuándo? ¿Estás a tiempo con respecto a lo que te planteaste?

Pasos a seguir para lograrlo:	Fecha:

Es clave que establezcas límites claros en tu compromiso con cada una de las tareas. Es importante que te recompenses cada determinado tiempo al completar alguna, no importa lo que hagas, siempre y cuando lo veas como una recompensa. Es un juego mental.

Paso 7. *¿Cómo sabrás que estás lográndolo? Revisa.* Para quitarle lo subjetivo a los objetivos, estos deberán tener una métrica, una evidencia de avance o de conclusión. Escribe lo más detallado posible todo aquello que te va a demostrar que estás logrando tu objetivo; cosas tangibles, observables, medidas de tiempo, acciones concretas, resultados por alcanzar, en términos laborales, "entregables". Antes de actuar, lee tu objetivo y revisa que lo sea, confirma con el MARTE: ¿se puede medir?, ¿es alcanzable?, ¿es realista?, ¿hay un periodo de tiempo?, ¿es lo suficientemente específico para que te dé dirección y no te pierdas?

Paso 8. Pregúntate: "*¿En qué persona me debo convertir para lograr estas metas?*". Si tus metas implican un reto, y ya lo has intentado y hasta ahora no lo has logrado, recuerda que tu mente subconsciente está alerta: tu ego te mandará mensajes de que no es posible. Ten presente que lo que pasa afuera es sólo un reflejo del interior, así que establece una creencia con respecto a la meta y si es muy grande divídela en partes, de tal forma que a tu mente le suene posible y entonces la veas posible; por eso debe ser alcanzable. ¿Cuál es tu punto de partida? Es decir, ¿cuáles son tus habilidades actuales, tus medios actuales para poder alcanzar lo que quieres? ¿Debes hacer cambios importantes en tus hábitos? Reconoce que para saber cuál es el costo de lograr lo que quieres, debes tener claridad de dónde estás en la actualidad, y preguntarte: con los medios, conocimientos y habilidades que tengo hoy, ¿puedo lograr esta meta? Una premisa de Jim Rohn es que para tener más hay que ser más.

Una vez que hayas realizado estos pasos, clasifica tus objetivos como de corto y de largo plazo.

Objetivos de largo plazo: ¿Qué es lo que deseo para los próximos diez años?

Objetivos de corto plazo: Menos de un año para ser alcanzados; estos pueden ser considerados generadores de confianza. Hay que tomarse un respiro entre los objetivos de largo plazo y terminar una tarea de corto plazo, esto te dará confianza e inspirará a continuar para lograr una tarea mayor. Claramente, estos te conducirán a tu objetivo de largo plazo.

Es importante que si tus objetivos fueron planteados con base en una motivación, tengas una forma de festejar la alegría de ganar, aunque también que te cause pena perder: esto hace que uno crezca. Es hacerse responsable de lo que uno quiere, pero si no sale, ¿qué se hace?

Los objetivos en la vida equivalen a esa gestación, a establecer rumbo antes de emprenderlo, a clarificar hacia dónde o cómo invertirás tus recursos. Los objetivos tienen que ver con lo que motiva a las personas. Con una lista de objetivos, tu saldo en el banco puede cambiar.

Al escribir tus objetivos te has propuesto crecer, plasmarlos por escrito implica que piensas seriamente en ello, y para hacerlo mejor es necesario no sólo pensar sino actuar con seriedad. Es necesario ser firme y serio, encaminado a ser mejor. Las esperanzas sin el apoyo de una planificación sólo serán sueños sin cumplir, y se dice que la esperanza largo tiempo postergada enferma el corazón.

Escribe tus objetivos en un papel, te sorprenderán los resultados. Entre los beneficios de contar con objetivos está aprender a decir no a todo aquello que ahora sabes que te aleja de tu rumbo.

PARA NUTRIR TU ALMA

Mi recomendación es que plasmes por escrito tus objetivos, así salen de ti y comienzan a existir en el mundo exterior. Uno de los principios que utilizo en la comunicación escrita es que si no está en el papel, no es. Así que dales fuerza a tus objetivos, inicia el cambio, y recuerda celebrar y festejar los pequeños logros y avances. Mantenlos a la vista para que los leas, de ser posible todos los días, y te recuerdes el rumbo que has elegido.

Capítulo 5. Cambios / Creatividad

> Si el acto de vivir es una manifestación sutil del portentoso movimiento de un Universo biológicamente organizado y en permanente "creación actual", la creatividad humana podría considerarse como una extensión de esas mismas fuerzas biocósmicas, expresadas a través de cada individuo.
>
> ROLANDO TORO

¿QUÉ TIENEN EN COMÚN EL PARARRAYOS, LA TEORÍA DE LA EVOLUCIÓN y el descubrimiento de la penicilina? Además de ser ejemplos de cambios de paradigma, el otro factor común es que sus creadores tenían por misión de vida un número 5.

Benjamin Franklin, nacido el 17 de enero de 1706 (17 + 1 + 14 = 8 + 1 + 5 = 14 = 5); Charles Darwin, nacido el 12 de febrero de 1809 (12 + 2 + 18 = 3 + 2 + 9 = 14 = 5), y Alexander Fleming, nacido el 6 de agosto de 1881 (6 + 8 + 18 = 6 + 8 + 9 = 23 = 5), son respectivamente los creadores de los inventos y la teoría mencionados. En los tres casos, la capacidad creativa es evidente. Entre otros científicos famosos con un 5 en su numerología tenemos a Isaac Newton, nacido en el año 1643 (14 = 5), un 4 de enero (4 + 1 = 5), y a Albert Einstein, nacido un día 14 = 5.

Aunque generalmente la creatividad se relaciona con el arte, en este capítulo veremos la diferencia entre creatividad artística, que se relaciona con el número 3, y la capacidad creadora, que desde la numerología se relaciona más con la ciencia, los inventos, la tecnología, la innovación, el movimiento, los viajes y los cambios de paradigma; desde la perspectiva de Rolando Toro, todos tenemos esta capacidad y deberíamos usarla para crear nuestra propia existencia. Esta capacidad se potencia cuando en la numerología hay un número 5.

En contraparte, si buscamos creatividad artística, la encontraremos en el número 3; entre los artistas con misión de vida 3 tenemos a: Salvador Dalí, nacido el 11 de mayo de 1904 ($11 + 5 + 14 = 11 + 5 + 5 = 21 = 3$); Charles Dickens, nacido el 7 de febrero de 1812 ($7 + 2 + 12 = 7 + 2 + 3 = 12 = 3$), además de otros creadores famosos con un 3 muy evidente en su numerología: Leonardo da Vinci, nacido en el año $1452 = 12 = 3$; Miguel Ángel, nacido un mes de marzo, y Vincent van Gogh, nacido el 30 de marzo de 1853 ($3 + 3 + 17 = 3 + 3 + 8 = 14 = 5$). En el caso de Van Gogh vemos cómo se relacionan la creatividad artística y la innovación, visible en su estilo perfectamente reconocible y único. En Dalí vemos que si bien su misión de vida es un 3 (lo artístico), nace en mayo, el quinto mes, lo que lo impulsa a mostrarse diferente ante los demás.

Por medio de la creatividad somos capaces de generar cambios, de expresar emociones y de hacer una diferencia. Al hacer la lista de nombres, resulta evidente que los científicos tienden más al 5 y los artistas al 3.

Características que tienen en común las personas con creatividad en su vida, sin importar de qué tipo, son la inconformidad con el *statu quo* y el movimiento constante; generalmente van de una actividad a otra, parece que no concluyen nada, lo que puede ser un riesgo. Sin embargo, su naturaleza tiende a cuestionar, a probar, a moverse, y cuando logran armonizar con esa energía, es desde esta gama de posibilidades que van absorbiendo recursos de diferentes ámbitos y les es posible tener una perspectiva diferente de lo establecido; es lo que les permite crear.

A mí me gusta pensar en estas personas como espíritus libres, con alma gitana; nómadas por naturaleza, ciudadanos del mundo.

Cuando se relacionan con gente muy tradicionalista o muy formal son incomprendidos, vistos como inmaduros e inestables; resaltaré que no se trata ni de madurez o de estabilidad, y en realidad es un tema de naturaleza, de comprender que cada uno hace lo mejor que puede con los recursos que tiene. La gente con tanta energía de movimiento o de creación difícilmente permanecerá en un solo lugar por mucho tiempo: son personas que se saben con alas y las usan para volar, tal como lo expresara Frida Kahlo: "Pies pa' qué los quiero, si tengo alas para volar"; y, quien dicho sea de paso era una mujer con misión de vida 3, pues nació el 6 de julio de 1907 (6 + 7 + 17 = 6 + 7 + 8 = 21 = 3).

LR: EL CAMBIO Y LA CREATIVIDAD (OREJAS-NARIZ AGUILEÑA) - CAPACIDAD DE CREAR

En el capítulo pasado hablé sobre el tema de que los pensamientos construyen y que estos se materializan en nuestro mundo exterior de una forma u otra. Lo mismo pasa con nuestro rostro: se puede modificar, cambia cuando nuestros pensamientos cambian.

El cambio y la creatividad son los temas de este capítulo, así que iniciaré por los rasgos de la creatividad.

Para Rolando Toro la creatividad es un concepto muy sencillo, que define como nuestra propia capacidad de crear.

Creamos al hacer algo diferente: una ruta nueva al trabajo, una receta nueva, una forma distinta de hacer las cosas, un nuevo estilo de vestir, otra manera de encontrar soluciones con lo que se tiene; en fin, podemos crear cualquier cosa y esa capacidad es inherente al ser humano, de acuerdo con este autor. Este tipo de creatividad, debo aclarar, todos la tenemos, no hay ningún rasgo en el rostro que nos lo diga; quizá unos la ejerzan más que otros, sin embargo, es un asunto de animarse a intentarlo, ya que todos somos creativos. Es confiar en ella y en que está allí.

La creatividad que se ve en el rostro tiene que ver más con aquella de poner en práctica nuestros talentos o que se relaciona con lo artístico, de la que hablé en el capítulo 3. Esto quiere decir que si no tienes estos rasgos, aun así, desde la definición anterior, tienes capacidad creativa; y si los tienes, pues ahora ya sabes que quizá eres más creativo de lo que te imaginas o pones en práctica.

La creatividad se ve en la nariz cuando esta es aguileña: cuanto más pronunciada sea su curva exterior, mayor es el talento y la necesidad de trabajar creativamente (mundo exterior). Este tipo de creatividad tampoco excluye a la otra, ya que, como dije antes, de cualquier modo todos la tenemos.

Muchas veces la creatividad se asocia a la agilidad mental (mundo interior), a la capacidad de responder *ipso facto*.[17] El término coloquial para esta habilidad es *pescarlas al vuelo*. La creatividad como velocidad de respuesta o de decisión rápida

---

[17] Dato cultural para nutrir el acervo: expresión latina que significa "por este hecho". La traducción habitual de *ipso facto* es "en el acto", dando a entender que un hecho se ha producido de forma rápida e inmediata. No tiene que ver con la etimología.

se ve en la altura que guardan las orejas con respecto a los ojos: cuando se encuentran arriba de la línea de estos, se refiere a personas ágiles en sus respuestas, rápidas en su decisión y acción y que resuelven en el momento.

Así pues, la creatividad se observa en la nariz y las orejas; desde esta perspectiva, el rostro aporta otras dos formas de identificarla. Hay una dualidad, ya que las orejas son un rasgo de río y por tanto de energía *yin*, mientras que la nariz es un rasgo *yang* por ser un rasgo de montaña.

Figura 3. Orejas arriba de la línea de los ojos

Línea imaginaria que se traza a la altura de los ojos

El segundo punto que es el cambio suena casi imposible: ¿nuestro rostro cambia cuando nuestros pensamientos lo hacen? ¡Por supuesto! El rostro se va modificando con el tiempo, no sólo por la edad sino porque es resultado de la repetición de nuestros pensamientos y emociones.

Al inicio de este libro comenté que de los 0 a los 25 años tenemos el rostro con el que nacemos, es decir, el que heredamos de nuestros padres y ancestros; de los 25 a los 50 tenemos la cara que nos hacemos como producto de nuestro aspecto interno, es decir, de nuestros pensamientos, y finalmente, de los 50 en adelante, se dice que tenemos la cara que nos merecemos. Al cambiar los pensamientos y las emociones, el rostro, que es un reflejo del interior, también se modifica, conforme a lo siguiente.

Se cambian:

- ☐   Los músculos en 3 meses.
- ☐   Los cartílagos en 8 meses.
- ☐   Los huesos en 5 años.

Como explicaba anteriormente, el rostro puede modificar su forma con el tiempo y sólo será el reflejo físico de nuestra propia metamorfosis interior. Al respecto quiero proporcionar un ejemplo; esta historia la leí y agradezco a Lourdes Chaltelt haberla compartido en su libro.

Cuentan que Leonardo da Vinci tardó siete años en pintar su famoso cuadro *La Última Cena*, debido a sus exigencias para encontrar a quienes le servirían de modelos. Quería empezar por Jesús, aunque no había hallado a nadie que reflejara en su rostro juventud, pureza, nobleza y en general elevados sentimientos, y al mismo tiempo poseyera belleza extremadamente varonil. Un día que caminaba por la calle vio a un joven que cantaba en el coro de una iglesia de Roma y lo eligió como el Nazareno, con quien inició la obra. Después fue localizando a los once apóstoles, a quienes pintó juntos, dejando pendiente a Judas pues no daba con el modelo adecuado, ya que debía ser una persona de edad madura y mostrar en el rostro huellas de traición, avaricia y maldad.

Pasaron los años y el cuadro permaneció inconcluso hasta que le hablaron de un criminal terrible que habían apresado en Roma y estaba condenado a muerte por una vida de vicio y crímenes; fue a verlo y era exactamente el Judas que necesitaba para concluir su famosa pintura. Pidió permiso para que le llevaran al prisionero a Milán a posar; como su fama lo trascendía, la autorización fue otorgada y el reo trasladado bajo custodia y encadenado al estudio de Da Vinci.

Al verlo en la luz, el artista reconoció en él la oscuridad de la maldad, de la traición, y en su mirada vio el reflejo de una vida turbia y malvada. Durante el tiempo que posó, el condenado no dio muestra de emoción alguna por haber sido elegido como modelo; se mostró callado y distante. Al terminar, Da Vinci dio a los guardias que lo custodiaban instrucciones de llevárselo y el hombre, eludiéndolos, se asomó a ver el cuadro.

Cuando lo vio, impresionado, cayó de rodillas mientras lloraba. Da Vinci, extrañado, le preguntó el porqué de su actitud, a lo que el preso respondió:

—Maestro Da Vinci, ¿es que acaso no me recuerda?

Da Vinci, observándolo, le contestó:

—No, nunca antes lo había visto.

Llorando y pidiendo perdón a Dios, el reo dijo:

—Maestro, yo soy aquel joven que hace siete años usted escogió para representar a Jesús en este mismo cuadro…

Este ejemplo me gusta porque nos muestra que es posible modificar el rostro. Ahora bien, ¿te imaginas si realizas este cambio de forma consciente, sabiendo que es posible modificar nuestro rostro y que esto sería reflejo de nuestro propio desarrollo interno?

El cambio siempre es la opción en cualquier decisión; está en nuestras vidas y se dice que es lo único constante. El cambio nos permite ejercer la fluidez en la vida. Es la oportunidad de desapegarnos, de soltar; de movernos del lugar donde nos pusimos. Como todo en la vida, es una elección, y la decisión siempre es nuestra.

5. N: CUESTIONAR LO ESTABLECIDO

La energía del 5 implica cambios, cuestionar lo establecido, innovar, movimiento en general; sentirse bien es su premisa, verse físicamente impecables para estar bien en lo interno. Lo que mueve son los retos, "lo prohibido". Les gusta "gustar"; seductores y un poco vanidosos. Desde la perspectiva de la línea de vida, el 5 está a la mitad entre el 1 y el 9, equivale a un adolescente que cuestiona la autoridad (representada por el 4), de naturaleza rebelde. Es un parteaguas entre los números personales (del 1 al 4) y los sociales (del 6 al 9).

Cuando el 5 está en el día, el enfoque es a desarrollar el alma y el interior a través de generar y aceptar los cambios, de usar su capacidad creativa para innovar; su curiosidad natural lo lleva a querer aprender de los misterios y de lo "prohibido", lo que atrae a las personas con esta energía. Inteligente, capaz de buscar formas diferentes para evitar que coarten su independencia.

Cuando el 5 está en el mes, conlleva una labor hacia el exterior a través de la actividad laboral o la profesión, con frecuencia hacia la forma de generar ingreso para ganarse la vida, lo que llevará implícitas actividades que tengan que ver con disfrutar del movimiento, viajes, cocinar, la tecnología, cualquiera que suponga un reto para su creatividad. Habilidades por desarrollar hacia los demás: innovar, poner su creatividad al servicio del otro, cuestionar lo establecido, usar su encanto y capacidad de seducción para las relaciones públicas.

El significado del 5 en general

En positivo: Cuando la energía del 5 vibra en positivo y hacia el desarrollo, lo hace con la posibilidad de experimentar todo lo que se les presente en la vida; actúan fuera de convencionalismos, amables, simpáticos, creativos.

En negativo: Por otro lado, cuando el 5 vibra en negativo, estanca la energía y tiende a ser como el adolescente sin límites: tiende a los excesos, a las adicciones, a situaciones de riesgo, a los extremos de "todo o nada", a saturarse de actividades. Tiende a cambiar constantemente, el arraigo y la permanencia se le dificulta, incluso en las relaciones personales.

El 5 como misión de vida

Su aprendizaje principal es adecuarse rápidamente a los cambios e imprevistos, lo mismo que generarlos manteniendo el equilibrio interno. Requiere sentirse en libertad y manifestar sus emociones. Talentoso, con una tendencia fuerte hacia lo artístico y lo creativo (por la versatilidad que le supone). Tenderá a proyectar una aureola de atracción y seducción. Necesita desarrollar creativamente su sexualidad. Corre el riesgo de caer en excesos de toda clase, de ponerse en situaciones de riesgo si no maneja adecuadamente los cambios, el equilibrio y su magnetismo, lo que repercutirá en que su talento se vea poco enfocado o canalizado a crear y saldrá a relucir su impulsividad y necesidad de movimiento y acción. Quienes lleven esta energía en la misión de vida deberán elegir muy bien a su pareja, puesto que su necesidad imperiosa de libertad no les permitirá una convivencia convencional y requieren una pareja que les dé espacios o comparta esta necesidad de movimiento y libertad. Son capaces de implementar una revolución conceptual en el mundo del arte, de la política, la medicina, la tecnología o la ciencia.

El 5 como talento (regalo divino)

Es una persona que domina el cuerpo físico y con gran habilidad para enseñar.

NA: DESAPEGO, SOLTAR

Soltar es hablar de cambio; hablar de cambio es hacerlo de emociones. Recordaré en este apartado que si vemos los números como una línea de vida, cada paso en esta nos supondría un avance hacia el crecimiento interior y la paz interna, aspectos que caracterizan al número 9, y por ende un desarrollo de las lecciones que conllevan los números previos; de ahí que al hablar de cambio van implícitas las lecciones anteriores: la independencia, las decisiones, las emociones y los resultados.

Quizá el lector se pregunte en este momento: ¿qué no es este el apartado de la nutrición del alma y no el de numerología? Y así es; no hay error de mi parte. Hago referencia a lo anterior debido a que tal como mencioné en la numerología, el 5 es un parteaguas, es el que representa al adolescente. La adolescencia, independientemente de la rebeldía natural que conlleva, es un periodo de vida en el que se gestan las decisiones y los cambios que uno quiere para sus siguientes años, más allá de que estos sean los próximos cinco o diez o incluso veinte o más, y esas decisiones son parteaguas. Es una etapa donde la búsqueda está orientada hacia la identidad.

Esta etapa de vida conlleva el establecimiento de lo que quiere uno, o no, en su vida. Recordémoslo: la primera pareja, la decisión de qué estudiar y a qué se va a dedicar uno, el discernimiento de lo que está bien o no, al menos desde donde nos enseñaron; dónde entrar a trabajar, los sueños, las ilusiones de cómo será nuestra vida a los 35 o 40 años, edad que en la adolescencia se visualiza lejana, adulta y muy probablemente sea la edad de nuestros padres en ese momento.

Si nos detenemos a pensar un poco, todas estas son decisiones de vida y, bien o mal, las tomamos. Los resultados no siempre nos gustan o son lo que esperábamos. El tema es que muy probablemente sea justo alrededor de los 30 años cuando, con base en los resultados que obtuvimos —a veces sin ser tan conscientes, otras con mayor conciencia—, hacemos una evaluación de lo que creíamos a los 15 o 18 años y soltamos sueños, dejamos ir ilusiones. Cuando se es joven uno pretende comerse el mundo y no ocurre así, ya que no es lo mismo estar bajo el techo de los padres que hacerse cargo de uno mismo o en todo caso de la propia familia, y en pos de la responsabilidad que conlleva ser adulto, se entra en el punto de lo que "tiene que" hacer.

Cierra los ojos por un momento y ubícate en aquel instante de adolescencia en que decidiste iniciar tu primera relación de pareja importante, qué estudiar, si aceptar un trabajo o no, cómo buscarlo, casarte, embarazarte, irte a vivir o estudiar fuera, terminar una relación; en fin, cualquier decisión de vida que ubiques haber tomado en ese momento. Date unos minutos y vuelve a sentir la emoción y los nervios que implicó esa decisión. ¿Te das cuenta? Es un tema de emociones.

Ahora bien, ¿qué pasó entre la adolescencia y los treinta que nos hace cambiar el enfoque de vida? Justo la vida. En los treinta, se tienen experiencias de vida que no se tenían en el momento en que contradecir a los padres y ser lo opuesto a ellos era lo que nos regía. ¿Crees que exagero? Estoy prácticamente segura de que alguna vez todos, al menos una vez en la vida, hemos dicho: "Cuando crezca nunca voy a hacer esto que hace mi mamá / papá", o un poco más aventuradamente: "Cuando crezca, nunca voy a ser así con mis hijos". ¿Te sigue pareciendo exagerado? En contraparte, esas experiencias a veces nos generaron un dolor tal que establecemos una creencia que asocia a una determinada situación o persona al dolor, y creemos que siempre será así y preferimos no volver a intentarlo. No pierdas de vista que es una creencia. ¿Y si no fuera siempre igual? ¿Y si puede ser diferente, ahora con mayor experiencia? ¿Sería que lo que necesitabas justamente era esa experiencia para hacerlo diferente?

Lo que intento rescatar con este recuento es que el cambio es un tema de decisiones, además de las emociones, y van a depender de las creencias que hayamos establecido al respecto y de lo que uno se diga a sí mismo con respecto a una situación. De niños, y mucho más de adolescentes, aunque generaba cierto miedo, quizá por la incertidumbre y la magnitud del cambio que nos implicaría, tomamos decisiones. Solamente no ocurrió en el caso de que alguien más se estuviera haciendo cargo de tu planta interna y le hubieras cedido el poder de decidir sobre tu vida a alguien más.

Así que es muy simple: no es un tema de edad, es un tema de emociones. Por un lado, si ya tomaste decisiones de vida, quiere decir que puedes, y si es posible, puedes volverlo a hacer, no importa a qué edad. Por otra parte, es un asunto de desapego. En esencia, desapegarnos es no apegarnos, y apegarse a algo es no soltarlo; muy probablemente hay dependencia, y si es algo que no nos hace bien, es una cuestión de adicción, como ya mencioné en capítulos anteriores.

También es posible que los resultados que tuviste no fueran los que esperabas y no te hicieron feliz. De ser así, veámoslo a través de la visión de las dos caras de la moneda. Por un lado, si fue completamente tu decisión y no resultó, al menos ya sabes que así no es y siempre podrás volver a intentarlo desde un mayor aprendizaje sin haberte quedado con las ganas. Por otro lado, ¿realmente fue tu decisión, u optaste por hacer lo que "todo mundo" te dijo que era lo mejor? Si esto fue así, ¿fue lo mejor? ¿Para quién? En realidad no has tomado tu propia decisión, y si no estás donde quisieras, ¿qué te lo impide? Si tu respuesta es algo del mundo externo ("mis hijos, mi marido, mi trabajo, mi jefe, mis amigos, mi familia, la edad, etcétera"), sigues tomando las mismas decisiones, y entonces, ¿cómo podría ser diferente? Ahora bien, el punto es: ¿cómo, con lo que tienes hoy, puedes hacer lo que verdaderamente quieres? Algo que indudable e innegablemente tendrás es mayor experiencia y entonces habrá que usarla a favor, jamás en contra.

Resumiendo, cambiar es una elección que lleva implícita una emoción, el miedo. Y hay miedo porque, como ya mencioné en el capítulo 3, es algo importante, trascendental, y hemos establecido alguna creencia de dolor o sufrimiento acerca de dicho evento, que seguramente es una decisión de vida. Uno de mis maestros dice: "¡Claro que da miedo, estás a punto de hacer algo verdaderamente importante! No es ir por el pan; ir por el pan no da miedo".

Por otro lado, más allá del miedo la verdadera esencia del cambio es tomar decisiones. Todo el tiempo tomamos decisiones: qué me pongo, qué desayuno, qué como, voy hoy o mañana: el tema es aprender a distinguir entre decisiones de hoy o en la vida.

Uno puede cambiar siempre que se dé cuenta de dónde se puso; ya no quiere estar más allí. Es sólo empezar a ver y a pensar: si tuvieras otra vez 18 años y pudieras elegir para los próximos años: ¿te quedarías, te irías, estudiarías, dirías que sí, dirías que no?, en fin, ¿qué decisión tomarías? Ante cualquier situación, pregúntate: esto por lo que estoy pasando, ¿es de hoy, o en la vida? Si es de hoy, pasará; si es en la vida, ¿lo quieres? Si tu respuesta es *no*, entonces es momento de soltar, de tomar tu propia decisión para retomar sueños, hacerlo por primera vez, utilizar la experiencia que has adquirido en el camino, seguir a tu corazón, escuchar a tu intuición. Cuando las decisiones vienen desde aquí, difícilmente son equivocadas y estarás ejerciendo el desapego, que es una forma sana de relacionarte.

PARA NUTRIR TU ALMA
Si tienes las manos ocupadas deteniendo algo que por sí mismo no se sostiene, ¡suelta! Eso te permitirá tenerlas libres para recibir lo que el Universo te tiene deparado.

Capítulo 6. El Servicio / Los "demás" / El hogar

> La identidad es un tema relacional.
>
> ROLANDO TORO

GALILEO GALILEI FUE UNO DE LOS HOMBRES QUE GENERARON CAMBIOS EN LA HISTORIA, y pensar en él resulta interesante para abrir este capítulo.

Todos sabemos que él sostenía que la Tierra era redonda y giraba alrededor del Sol en un momento de la historia en que se decía que era plana y el Sol giraba alrededor de ella. Para *todos*, y resalto, *todos*, era claro que ¡este hombre estaba loco! ¡Cómo se atrevía a decir justo lo contrario de lo que se sabía popularmente!

Este ejemplo me gusta para resaltar dos cosas: una, que el que *todos* digan algo sólo quiere decir que ven lo mismo, aunque de ninguna manera implica que tengan razón o sea verdad; ya hablé antes de que la forma en que vemos las cosas sólo es eso, *la forma* en que las vemos. Las cosas no *son*, sólo son conforme al significado que nosotros les damos. Por otro lado, con el tiempo se demostró que aquel hombre loco no lo estaba tanto y que tenía elementos para evidenciar que las cosas no eran como todo el mundo decía.

Del ejemplo anterior rescato el tema de los otros como externos a nosotros y pertenecientes a nuestro mundo exterior; en la medida en que uno tiene evidencia para pensar diferente, tiene confianza para confrontar a ese mundo exterior que en términos prácticos llamaremos *sistema*. Cuestionar al sistema no es cosa fácil, ya que implica cuestionarnos a nosotros mismos si somos parte de él. El tema aquí es tener valor y coraje para defender nuestras ideas, para recorrer otros caminos, para elegir lo que uno quiere, y todo eso conlleva reforzar la propia identidad. Para recorrer el camino propio es necesario estar fortalecido para mantenerse en él, aun cuando más allá del ego sea el propio sistema el que nos dice que esto no será posible, que *debemos* adaptarnos a la vida que nos tocó. Esto no es así. Uno elige la vida que quiere.

LR: ENFOQUE DE ENERGÍA (LO PÚBLICO Y LO PRIVADO) - LA ENERGÍA

Fue el psicólogo Carl Jung quien creó los términos *extravertido*[18] e *introvertido*[19] como una forma de clasificar, en dos

---

[18] El término introducido por Jung a la psicología es extravertido, con *a*. Lo hace desde la etimología de la palabra: del latín *extra*, "fuera de", y *vertido*, del verbo vertēre, verter, volcar. El DRAE acepta el término extrovertido, con *o*; sin embargo, como me refiero a la acepción de Jung, la dejo como él la dio a conocer, refiriéndose a la gente que vuelca su energía hacia el exterior.

[19] La etimología de este término implica el prefijo *intro~*, "hacia el interior", que se diferencia de *intra~*, "dentro", como en *intracelular* (dentro de las células).

actitudes, la manera que tienen las personas de enfocar su energía. Hacía la combinación de estas con cuatro funciones (pensamiento, sentimiento, sensación e intuición), de cuya combinación resultaban ocho tipos psicológicos.

Derivado de esta clasificación, Jung hablaba de *desarrollo psíquico*, y consideraba a la libido como la energía necesaria para dicho desarrollo. Resaltaba que en latín la palabra *libido* se usaba para denominar *hambre*, equiparable al instinto de nutrición, y también al *deseo pasional*. De acuerdo con Jung, con el enfoque de la física, desde donde se define el concepto de energía como fuerzas incomparables vistas como opuestas, que al entrar en conflicto genera tensiones, el desarrollo del individuo se da cuando se resuelve el conflicto. A la energía como fuerza para realizar un trabajo, Jung le atribuye el mismo principio de conservación de la física: *La energía no se crea ni se destruye, sólo se transforma.*

Usaba las actitudes descritas en el primer párrafo para explicar la canalización de la energía de las personas: la extraversión la canaliza hacia el exterior, y la introversión hacia el interior. Este enfoque o canalización de la energía es posible verla en el rostro, en lo que denomino la dualidad público / privado: haciendo una analogía con las actitudes de Jung, lo público equivaldría a canalizar la energía hacia el exterior, mientras que lo privado lo hace hacia el interior.

Para observar estos aspectos, nuevamente te pediré que tomes el espejo de mano y esta vez traces una línea imaginaria que divida el rostro en vertical por la mitad, tal como se muestra en la siguiente figura:

Figura 4. División del rostro en vertical: lo público y lo privado

Lado público
Lado derecho
¿Quién soy en la sociedad?
Pilares para el éxito
¿Cómo me perciben?
Nuestra máscara

Lado privado
Lado izquierdo
¿Quién soy en la intimidad?
El que los realiza
¿Cómo soy?

Al dividir tu rostro de esta forma podrás empezar a ver similitudes y diferencias en cada uno de los rasgos. ¿Recuerdas que en el capítulo 1, al hablar de los ojos de diferente color, mencioné que su significado dependía de en qué lado de la cara estuvieran? Bueno, he aquí la explicación.

Considera que al hablar de lado derecho o izquierdo me refiero al de la persona; es decir, si te encuentras de frente a alguien, mentalmente requerirás invertir la vista que tienes, ya que desde donde lo ves, tu izquierda es su derecha y viceversa.

Lo público es el lado derecho, el *yang*, lo masculino; se asocia al padre y es la cara que mostramos a los demás. En relación con las partes del rostro que al momento he mencionado, el ojo, el orificio de la nariz, la boca y la oreja del lado derecho te hablarán de la visión de vida, el manejo del dinero, la necesidad de estrategia o la creatividad; de la comunicación, del dar y recibir y la agilidad mental hacia el trabajo, los demás, la sociedad, etcétera, todo lo que está representado en el mundo exterior, que equivale al lado público. En contraparte, puedes hacer la misma observación del lado izquierdo. Seguramente al hacerla podrás comparar e identificar diferencias en la forma, tamaño o inclinación de las partes de la cara; eso implica un comportamiento diferente hacia uno mismo y hacia los demás, según el lado donde se encuentren.

Otra observación interesante, que propone Lourdes Chaltelt, es que al hacer la división imagines que duplicas el lado derecho en el izquierdo y viceversa; eso te permitiría ver el lado derecho-derecho y el izquierdo-izquierdo a manera de identificar hacia dónde está más canalizada la energía o la emoción que predomina hacia uno o hacia los demás.

Para ilustrar el punto anterior, a continuación te muestro un ejemplo de esto con una ilustración.

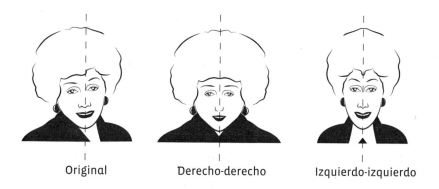

Original   Derecho-derecho   Izquierdo-izquierdo

Dado lo anterior, a continuación haré un análisis breve con la finalidad de ayudarte a hacer el tuyo, para lo que tomaré los elementos que hemos visto hasta el momento. El lado derecho predomina sobre el izquierdo, lo cual nos presenta a una persona mucho más enfocada hacia lo público que hacia lo privado. En ambos casos su toma de decisiones es práctica (la zona 2 es mayor en ambos lados). Imaginemos que sus ojos son verdes. Nos hablan de una persona romántica. Hacia los demás (lado derecho) es más detallista, tiende más al análisis y observación (ojos pequeños), mientras que para sí misma (lado izquierdo) denota una persona sensible que suele tener el corazón abierto (ojos grandes). En cuanto a su manejo del dinero (nariz), gasta más para los demás que para ella (orificios de la nariz). En ambos casos, da más de lo que recibe (labio inferior más grande que el superior); sin embargo, su comunicación hacia los otros es más cuidada, cautelosa, más reservada y precavida, mostrándose con tendencia a la introversión (boca pequeña-lado derecho), mientras que en realidad es una persona que tiene confianza en sí misma, expresiva y generosa (boca grande-lado izquierdo).

En aras de completar el breve análisis, sumaré estos tres rasgos que aún no hemos visto ni mencionado: las cejas, que veremos en el siguiente capítulo; los pómulos, tema del capítulo 8, y la forma de la cara, tema del capítulo 9.

Tanto hacia los demás como hacia sí misma, maneja un proyecto a la vez (cejas delgadas); el manejo que tiene de estos es constante, aunque en los proyectos que se relacionan con el trabajo u otros tiende a ejercer mayor control (forma de las cejas en el lado derecho), mientras que para sus proyectos personales tiende a actuar de forma más sensible (forma de las cejas en el lado izquierdo). Hacia los demás se muestra como una mujer de poder (pómulos). En cuanto a su profesión, se puede ver a una mujer que se muestra con autodisciplina, capaz de superar tiempos difíciles, con mucha actividad cerebral, que actúa con determinación, fuerza y que realiza una gran actividad física; una mujer que tiene una misión y sólo eso en mente (forma del rostro en triángulo invertido en el lado derecho). En realidad su vocación la lleva a mostrarse gentil, a ser buena anfitriona, diplomática, flexible e imaginativa (forma del rostro en óvalo en el lado izquierdo).

En el capítulo 3 hablé de emociones, y aunque no es tema de este libro enseñar su lectura, completaré el análisis con las que refleja su rostro. Hacia su mundo exterior se refleja tristeza, quizá generada por una mezcla de asco y de desagrado que implica un sentimiento de superioridad moral que la hace poner mucho detalle en lo que ve, con una mezcla de enojo (ojos y cejas hacia el centro en izquierdo-izquierdo) y tristeza (ojos y comisuras hacia abajo en derecho-derecho).

Por otro lado, mencioné que a principios de los años veinte Carl Jung desarrolló una tipología de la psicología de las personas desde la perspectiva del enfoque de energía. Basadas en ese estudio, Katharine Cook Briggs y su hija Isabel Briggs Myers, a fines de los años cincuenta, la complementan y desarrollan un inventario de personalidad[20] que arrojó dieciséis tipos, y aproximadamente veinte años después David Keirsey, psicólogo estadounidense, profesor e investigador de la Universidad de California, identifica en esos dieciséis tipos comportamientos observables a los que provee su propia definición. La innovación clave de Keirsey fue organizar esos tipos de personalidad en cuatro temperamentos y describirlos como comportamien-

---

[20] Conocido como el Indicador de Tipo Myers-Briggs (MBTI, por sus siglas en inglés).

tos observables, más que especular acerca de pensamientos inobservables y sentimientos. Keirsey se enfocó en cómo las personas utilizan las palabras al mandar un mensaje y las herramientas para hacer que las cosas se concreten. El estudio de este psicólogo se desarrolló a través de síntesis y análisis profundos y sistemáticos de los aspectos de personalidad para los temperamentos, que incluyen: los intereses únicos del temperamento, su orientación, valores, autoimagen y roles sociales.[21]

Es claro a partir de lo descrito anteriormente que no hay que confundir *personalidad* con *temperamento*, siendo la primera la suma de todas las características personales o de comportamiento por las que se reconoce a un individuo, a diferencia del temperamento, que es una respuesta emocional, una predisposición.

Es importante tener clara esta diferencia, ya que es común pensar que una persona no es capaz de desempeñar su trabajo cuando tiene tal o cual personalidad, mientras que en realidad es una predisposición emocional lo que está interfiriendo con su desempeño. En un momento dado el temperamento, desde el punto de vista gerencial, puede ser considerado como un indicador del potencial de éxito en los negocios, tomando en cuenta que en la medida en que conocemos nuestro temperamento y el del personal a nuestro cargo, quizá podamos entender las diferencias entre nosotros y que ese entendimiento repercuta facilitando una mejor distribución de actividades, acorde a las capacidades de cada uno.

---

[21] Si te interesa conocer tu tipo de temperamento y un poco más de este instrumento, te invito a que entres a la página www.keirsey.com (en inglés).

Antes de concluir este apartado quiero recalcar nuevamente la importancia de no confundir *tener* con *ser*; cuidado con atribuir características de ser a la persona, un rasgo no hace la personalidad, tanto como una golondrina no hace el verano.

En términos de este libro, el temperamento, al ser parte del mundo interior, de lo privado, equivale a *uno*, a la persona —tema que fue tratado en el capítulo 1—, mientras que el lado público implica a los demás, a los otros, y eso es lo que a continuación identificaremos desde las perspectivas de la numerología y de la nutrición del alma.

N: EL SERVICIO

La energía del 6 inicia los números al servicio de los demás, hacia la familia, al grupo, al clan. Tiende a la armonía, a evitar conflictos, a buscar el bienestar, a veces a costa suya. En términos de la línea de vida es el adolescente que crece, "sienta cabeza" y asume una vida tranquila, armoniosa, sin conflictos.

Cuando el 6 está en el día, el enfoque es a desarrollar el alma y el interior, armonizando o asimilándose como parte de la propia familia y no de otra, así como aspectos de esta con uno mismo; es encontrar la conciliación interna evitando el sacrificio. Para desarrollar tal capacidad de amor es importante poner límites para no ceder a las demandas de quienes conforman el núcleo cercano de relaciones. Debe tener presente que armonía no es decir que sí a todo para evitar conflictos, ni poner límites es decir no a quienes no hacen lo que uno quiere; tiene que ver más con desarrollar una escucha interna que permita decir no cuando es algo que uno no quiere hacer por o para otro.

Cuando el 6 está en el mes conlleva una labor hacia el exterior, esto será por medio de la actividad laboral o la profesión en actividades u ocupaciones como áreas de servicio al cliente, enfermería, labor social, trabajo con grupos, terapia de familias, voluntariados, con frecuencia en áreas de educación, salud o comunidades donde la gestión se realice en grupos. Habilidades por desarrollar hacia los demás: altruismo, servicio, voluntariado.

El significado del 6 en general

En positivo: Cuando la energía del 6 vibra en positivo y hacia el desarrollo, lo hace en busca de la armonía, de la tranquilidad, de involucrar a otros, de ayuda, sobre todo comunitaria.

En negativo: Por otro lado, cuando el 6 vibra en negativo, estanca la energía y tiende a sacrificarse para tener armonía y evitar el conflicto, a "olvidarse" de sí mismo en pos de la familia o de su pareja. Tiende a la obsesión, sobre todo con el orden y la limpieza. Demuestra intransigencia.

El 6 como misión de vida

La persona con la energía del 6 como misión de vida tiende a ser un buscador. Le son importantes la concreción en el hogar, por un lado, y el servicio a los demás, por otro. Aunque ambos pertenecen al mundo externo, estas personas tenderán a ver el hogar como mundo interno; el reto es que lo reconozcan como externo. Su energía se canaliza a que predomine y subsista la armonía en todos los casos, en ocasiones a costa de sacrificar sus deseos o expectativas en aras de no tener conflicto con los demás, sus afectos cercanos sobre todo. Tienen mucho amor para dar y una gran capacidad de entrega. El aspecto negativo puede hacerlos inflexibles y aferrarse a que las cosas sean como ellos dicen, desarrollando actitudes desagradables y autoritarias.

El 6 como talento (regalo divino)

Mantendrá su fe en Dios sin importar las circunstancias; misticismo y concentración. Pondrá su energía en un centro y a partir de ese punto operará su vida.

NA: IDENTIDAD Y AUTOSACRIFICIO

La intuición y los instintos. Ante el título de identidad y auto-sacrificio, pareciera que hablar de intuición, y más de instintos, no tendría nada que ver; sin embargo, si seguimos con la idea de que se trata de un desarrollo y que los números nos dan la pauta, identificamos entonces que si en el capítulo anterior hablamos de cambios y de tomar decisiones, el enfoque de hacerlo para nosotros mismos y no para alguien más tiene sentido.

En el capítulo pasado mencioné la intuición como un elemento importante a seguir para tomar decisiones. Mucho se ha dicho de la intuición y poco se explica acerca de ella: pareciera obvia su explicación. Algunos dicen que es algo que sientes interiormente, otros la describen como "no sé, me latió"; a mí me gusta remitirme a la epistemología de las palabras, y en este caso proviene del latín *intuērī*, "mirar hacia dentro" o "contemplar". Así que nuevamente, al igual que con *esotérico*,[22] intuir es "ver adentro", aunque quizá en este caso me parecería más adecuado decir "escuchar adentro", y por adentro quiero decir al corazón y el alma. Sin duda ellos saben, y si los seguimos, nos equivocaremos menos.

Por otro lado, según Rolando Toro, creador de la biodanza, los instintos[23] están hechos para proteger la vida y decidir desde estos nos ayuda a proteger la nuestra; a partir de aquí es claro que cada uno se hace responsable de la propia planta, esta se fortalece y cada una de las decisiones que tomemos nos fortalece en consecuencia, se refuerza nuestra autoestima y evitamos relaciones tóxicas o adictivas. Esto es, nuestra identidad se refuerza.

Toro decía que el mayor miedo de la gente es a *no ser*; define el ser como un misterio y asocia la identidad con presencia y acción. También, de acuerdo con este autor, la identidad es un tema relacional: "Soy con el otro". La iden-

---

[22] La etimología de *esotérico* viene del griego *eso~*, "adentro", y *theoros* o *thea*, "vista, contemplación", por lo que implica ver adentro, lo que interpreto como autoconocimiento; en este caso es sinónimo de intuición por tener la misma acepción.

[23] Toro habla de doce instintos: 1) lucha, 2) fuga y guarida, 3) autocentrismo (conexión con uno mismo), 4) exploratorio, 5) seducción, 6) equilibrio (paz-reposo), 7) fusión, 8) alimentario, 9) gregario, 10) migratorio, 11) sexual y 12) maternal.

tidad es una paradoja: por un lado refuerza al individuo, y en contraparte, para que exista se requiere del otro.

Otro concepto de la identidad que quiero resaltar es que nuestras acciones generan juicios[24] acerca de nosotros en las personas que las observan, de ahí que se diga que nuestras acciones *generan ser*. Somos lo que hacemos, y también por lo que somos hacemos lo que hacemos. Estos juicios que los otros generan a propósito de uno son juicios de identidad, ya que nos atribuirán ser. Por ejemplo, si llegas tarde a una junta (acción), es muy probable que el juicio que se emita sobre ti sea "Eres impuntual"; se te estaría atribuyendo ser una acción.

---

[24] El juicio es un acto lingüístico (se refiere a la forma que usamos al hablar) que plantea la ontología del lenguaje; se puede discutir, es subjetivo y atribuible a quien lo emite. En términos más comunes diré que para identificar los juicios en nuestro lenguaje estos equivalen a: los adjetivos o adverbios que califican; las opiniones y frases después de todo verbo seguido por la palabra *que* (por ejemplo, *siento que, pienso que, me imagino que*, etcétera): lo que siga a esta construcción es un juicio. Los juicios se contraponen a las *afirmaciones*, otro acto lingüístico; estas, a diferencia de los juicios, son medibles, tangibles, objetivas y sin discrepancia, por ejemplo: "El vaso es de cristal". Todos tenemos el mismo concepto de vaso y de cristal y no habría discrepancia aun si no fuera precisamente de cristal, porque todos estaríamos de acuerdo. Las afirmaciones son verdaderas o falsas; los juicios no. En otra frase, como "El vaso está hecho de un material *maravilloso y único*", tenemos una afirmación sobre el vaso, aunque *maravilloso y único* son juicios. Como son discrepables, los juicios pueden no ser, o para el caso, ser otros cualesquiera. Son creencias. En el ejemplo anterior, en lugar de *maravilloso y único* podrían ser *horrible y común*; esto sólo dependerá de quien emita tales juicios y del tipo de observador que este sea. Muchas veces nuestro lenguaje está compuesto más por juicios que por afirmaciones, y además se les da la connotación de verdaderos o falsos, aunque no puedan serlo. La distinción entre juicios y afirmaciones es crucial en la construcción de conversaciones y por tanto en la construcción de relaciones. Para saber más, consulta el libro *Ontología del lenguaje* de Rafael Echeverría.

En conclusión, la identidad, además de un tema relacional, es un asunto de juicio, que se emite justo a partir de esa relación con otro o con uno mismo. Hay juicios de identidad que adoptamos porque los escuchamos repetidamente de otros, y juicios que nosotros nos atribuimos: estos estarán directamente relacionados con nuestra autoestima. El concepto que tenemos de nosotros mismos está directamente relacionado con la propia percepción y repercutirá en la identidad que cada uno se construye a partir de lo que se dice a sí mismo.

Explicaré lo anterior de forma más coloquial y apoyándome en la numerología. Si el 6 se refiere a otros, esto lleva implícito el tránsito y los aprendizajes del 1 al 5. La primera lección fue el individuo; constituirnos en independencia, autonomía y autoestima nos conforma en lo individual. Si equiparamos ese ser individual con la identidad, tendríamos a la identidad como 1, y en el camino del desarrollo hasta el 6, si todo vibra en positivo tendremos relaciones sanas (2), seremos capaces de expresar nuestras emociones y de comunicar (3), podremos ver claramente los resultados en nuestra vida y concretar (4) y cambiar aquello que no nos guste (5), para estar en armonía con nosotros y en la familia, y ejercer el servicio a otros (6).[25] Sin embargo, si la vibración de los números es negativa y evitamos el desarrollo, el camino es otro: uno se aísla u opera desde

---

[25] Desde una perspectiva laboral, en un área de servicio, por ejemplo, mi concepto de servicio es facilitarle la vida al otro y conlleva seis (esto lo tomé de la numerología) principios: 1) tratamos con personas, no con cosas; 2) facilita la vida del otro, haciendo algo por él o evitándole algo; 3) habrá cosas que no puedas hacer; enfócate y pregúntate: "¿Qué sí puedo hacer?"; 4) cumple lo que prometes; 5) aplica la regla de oro: "No hagas a otro lo que no quieras que te hagan a ti", y 6) no pidas nada que no estés dispuesto a dar. Aunque el enfoque es laboral, aplica en la vida.

el ego (1); cuesta tomar decisiones y se establecen relaciones de dependencia, sobra decir, tóxicas (2); se ignora lo que se siente y uno se convence que no se puede tener todo en la vida (3); nos enfocamos en el trabajo para compensar y establecer una relación con este, o se tienen respuestas inflexibles con relación al tema en cuestión (4) y se reacciona como un adolescente sin límites (5), con respuestas como "Yo puedo hacer lo que quiera", "Es mi vida, ¿no?". Si por este camino se llega al 6, la energía vibrará con base en los otros, no en uno. Se toman decisiones para que el otro no se enoje, para que vea lo bueno/a que uno es, para no tener conflictos, y lo que empieza a suceder en este punto es que se sacrifican la vida o los deseos en pos de alguien más con la finalidad de "estar bien". Bienestar mal enfocado y mal entendido, ya que la única persona con la que necesitamos estar bien y en armonía es con nosotros mismos, porque si no, el otro va a estar bien, ¿y uno? ¿Dónde se está poniendo uno? Recordemos que uno está donde se pone.

El antídoto al autosacrificio, la manera de recobrarse para estar en uno y consigo, es reforzar la identidad. Este tipo de situaciones se presentan para poner límites, los que son una cuestión de amor a uno mismo y al otro. Es no permitir en nuestras vidas algo tóxico, aprender a decir: "¡No!", "¡Basta!", "¡Hasta aquí!".

En contraparte, ¿cómo establecer una relación sana si no hay con quién? Sé que suena obvio, y en la obviedad muchas veces se pierde de vista lo básico: en este rubro lo es la relación que establezcamos con nosotros mismos por medio de *la individualidad fortalecida y alimentada desde la independencia, la seguridad, la autoestima y la confianza* (en uno mismo y en el Universo), lo que reforzará nuestra identidad y sólo desde este fortalecimiento las relaciones con los demás serán sanas o no; recordemos que nadie se relaciona con otro de manera diferente a como lo hace consigo mismo. La forma en que tratamos a los demás es sólo un reflejo de cómo lo hacemos con nosotros mismos.

PARA NUTRIR TU ALMA

La idea de sacrificarte para obtener algo o para que el otro no se enoje (a veces tampoco se evita, y de todos modos sigue enojado) es un pensamiento de escasez. Si para una relación se requieren al menos dos, y todo lo que el otro hace no te gusta, te molesta, te quejas, el tema no es lo que el otro hace. La pregunta es: ¿dónde estás tú en esa relación, que permites todo lo que te hace, y quién es el dueño de *tu* planta? La nutrición es un instinto.

Capítulo 7. El alma y la mente

No importa qué te haya pasado en la vida, ni qué genes te hayan
tocado; tu mente, es decir, la forma en la que usas tus pensamientos,
puede modificar la estructura y la anatomía de tu cerebro.

ESTANISLAO BACHRACH

EL NÚMERO 7 ME CONECTA CON LOS SIETE HÁBITOS DE LA
GENTE ALTAMENTE EFECTIVA, y bueno, con muchas otras
cosas más: los colores del arcoíris, las notas musicales, los
días de la semana y los enanos de Blancanieves, por mencionar algunas.

Sin embargo, el tema que quiero traer a colación es
justamente el hábito número siete de los mencionados arriba. Covey, autor de dichos hábitos, lo llama "afilar la sierra".
Cuenta la historia de un leñador que tala árboles en el bosque,
y ya lleva tanto tiempo haciéndolo que su sierra tiene cada vez
menos filo. En eso pasa un caminante y le pregunta "¿Qué
haces?" "Talo árboles", responde el leñador. "¿Y por qué no
afilas tu sierra? Sería más fácil y más rápido." "No puedo,
perdería tiempo si voy a afilarla."

Equipara esto a estar tan ocupados manejando que no
cargamos gasolina; visto así, parece obvio que no es una pérdida de tiempo dedicar unos minutos a afilar la sierra o a cargar

gasolina para seguir adelante. Sin embargo, en la vida cotidiana es muy común escuchar, más de lo que se es consciente, "no tengo tiempo", "¿a qué hora voy a hacer eso?", en fin, frases que suenan al leñador. Es aquí donde afilar la sierra, como hábito, nos invita a equilibrar nuestros planos físico, mental, emocional y espiritual.

Sugerí en el capítulo 4 incluir actividades en tu agenda; agrega entonces una relacionada con cada uno de estos planos a la semana. Es necesario afilar la sierra; no es una pérdida de tiempo, es recargar energía para hacer las cosas más fácilmente y más rápido. No te engañes, no es un asunto de tiempo. Todos tenemos las mismas veinticuatro horas en el día, la cuestión es: ¿qué hacemos con ellas? El tiempo es vida. El tiempo que dedicas a una actividad, dejas de dedicárselo a otra. ¿A qué le quieres dedicar tu vida?

Desde la numerología, como veremos, el 7 tiene que ver con la mente y también es el primer número espiritual. Esto nos presenta la dualidad mente-alma, de lo que hablaremos a continuación.

LR: TD ANALÍTICO (FRENTE ANCHA) - MANEJO DE PROYECTOS (CEJAS) - LA IDENTIDAD PSÍQUICA

Después del análisis del rostro realizado en el capítulo anterior, en este abordaré el tema de la mente. Siguiendo el principio de que como es adentro, es afuera, en el rostro podemos identificar la mente analítica en la toma de decisiones, que vemos en la frente, y por otro lado la fuerza de pensamiento para sostener una idea, que vemos en las cejas.

Hablamos en el capítulo 2 acerca de la toma de decisiones y para eso dividimos el rostro en tres partes, de forma horizontal. La zona 1 la llamé también *zona de la frente.* ¿Recuerdas las características de una toma de decisión en esta zona? Permíteme hacer un repaso, ya que más allá de la decisión, el proceso para tomarla se relaciona con la mente.

Había mencionado que son personas que requieren tiempo para decidir; les gusta comparar listas, características y precios. Compararán, verán pros y contras, ventajas y desventajas, y cuando parece que ya tienen todos los elementos, querrán volver a repasar. Les facilita la toma de decisión tener la información concentrada en tablas o cuadros comparativos. Esto ocurre cuando la zona 1 es mayor con respecto a las zonas 2 y 3, esto implica que la frente es grande, y en este tipo de frente es donde se ve la parte mental; adicionalmente, a estas personas les gusta aprender de libros. A mayor tamaño de frente, más analítico, más mental es el proceso de la persona. La frente pequeña se relaciona con quienes aprenden de la experiencia.

Además, según la forma de la frente puedes saber el tipo de pensamiento que usa la gente. Por ejemplo, frentes redondeadas indican un pensamiento filosófico, imaginativo e intolerante a los sistemas rígidos. En contraparte, una frente recta implica un pensamiento lineal y lógico; les gusta seguir instrucciones paso a paso, tienen buena memoria, son rápidos de pensamiento y les gustan los métodos probados.

Por otro lado, los pensamientos se sostienen en las cejas; por lo mismo, en ellas también se ve el manejo de los proyectos de cada persona. La distinción a observar es su grosor: cejas gruesas implican que la persona es capaz de manejar muchos proyectos a la vez; su fuerza de pensamiento es considerable, tiene ideas firmes, le gusta lo complejo y no le importa el qué dirán. En cuanto a las cejas delgadas, sólo se puede manejar un proyecto a la vez, y con relación a los pensamientos, entre más delgadas, más preocupados por lo que piensen los demás (rasgo que muy probablemente implique un 6 en su numerología); aman las cosas simples.

A propósito de la mente —como veremos en el siguiente apartado, con la numerología—, el 7 es el número de la mente, del conocimiento, del aprendizaje, la enseñanza, la investigación y todo lo relacionado con el pensamiento. Quiero traer a colación el término *psique*, objeto de estudio de la psicología, desde su etimología (del griego *psyché*, "alma humana") y el recuerdo de su definición en mi clase de higiene mental en la preparatoria: "mente, emociones y espíritu"; esta en particular siempre me pareció sencilla y práctica de entender, así que la retomo. Además, si desde su etimología habla del alma, entonces estamos en el mundo interno, y para efectos de lo que quiero explicar —la mente, las emociones y el espíritu— se ajusta al concepto que quiero introducir: la *identidad psíquica*.

Antes de explicar este término y el modelo que he desarrollado con esto, quiero rescatar algunas acepciones a las que he hecho mención a lo largo de los capítulos anteriores para llegar al porqué de la identidad psíquica y posteriormente a la construcción del modelo. Rescato la palabra psique, que, como dije, se refiere a la mente, las emociones y el espíritu; a este último, por su parte, me he referido como una planta interna cuyo desarrollo depende de la nutrición que se le dé a partir de la autoestima (mundo interno) y de la actividad laboral (mundo externo), así como de los pensamientos o creencias, las emociones, las palabras o lo que se dice, y las acciones. A este grupo sumaré la visión que se tiene de la vida, aspecto que tratamos en el capítulo 1 y que ahora podremos entender como *percepción*.

De las emociones hablamos en el capítulo 3, donde también hice mención de la ontología del lenguaje y a la importancia de las conversaciones en la construcción de relaciones, para luego ligar los actos lingüísticos con la identidad por medio de los juicios que otro emite sobre uno. Finalmente, dije que las emociones son uno de los dominios primarios del ser humano junto con el cuerpo y el lenguaje. Es así que del concepto de psique queda por explicar el término *mente*, que reduciré a los pensamientos, los que en su mayoría son creencias, o desde la ontología de lenguaje: juicios; término que se explica brevemente en el apartado anterior, del capítulo 6. Si los juicios son creencias y estas están en la mente de cada uno, luego entonces son discrepables y pueden no ser, o en todo caso pueden ser otros; por ser parte del mundo interno son sólo para nosotros, no necesariamente para los demás, y sin embargo es desde estos juicios que también construimos nuestra identidad, conforme a lo que ya he explicado.

Con esta recopilación de conceptos a modo de breviario, a continuación presento el Modelo de Identidad Psíquica (MIP) (Figura 5), que surge como resultado de mis últimos diecinueve años como docente y que en su versión más antigua y precaria, en 1998, sólo era un esquema lineal que hice para explicar a mis alumnos de administración la diferencia entre valores, percepción, actitud y comportamiento.

Figura 5. Módelo de Identidad Psíquica (MIP)

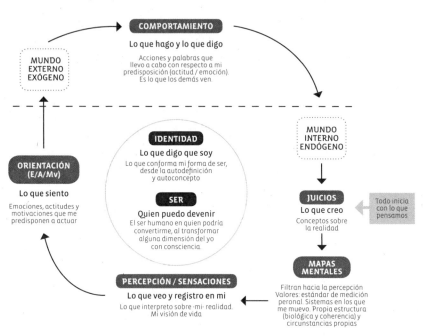

Después, en 2009, con la integración del *coaching* ontológico a mi vida, integré el concepto de juicio y el modelo nació como tal, cambiando su forma lineal a un ciclo que se refuerza a sí mismo. En ese entonces lo llamé *Modelo de Personalidad Psíquica;*[26] no obstante, y dada la distinción de mundos que hago entre la personalidad, perteneciente a la psicología y al mundo externo, y la identidad, que corresponde al desarrollo humano y al mundo interno, en esta versión y con lo explicado en este apartado ahora lo defino como un modelo de identidad, más que de personalidad.

---

[26] Se encuentra publicado en mi obra anterior: *Emprendiendo el camino hacia ser ejecutivo en la vida y humano en el trabajo.*

Esta nueva versión surge en 2013 como resultado de incluir el capítulo de desarrollo humano en mi tesis doctoral, donde explícitamente agrego los mundos interno y externo y dejo este último en la parte superior a semejanza del esquema de un iceberg, cuya punta es lo que se observa en la superficie mientras que debajo del agua está su inmenso cuerpo de hielo, ya que me parece que justamente así es esto: lo que se ve, el comportamiento, es sólo el resultado de todo lo que pasa en el mundo interior de la persona. Repetidamente he mencionado que el espíritu se nutre de lo que creemos, de nuestros pensamientos, lo que sentimos, decimos y hacemos; sumemos a esto lo que vemos. La forma que tenemos de interpretar al mundo influye también en este proceso.

Los conceptos que uno se forma sobre la realidad —como *realidad* entiendo el conjunto de vivencias, experiencias y aprendizajes que vamos recopilando a lo largo de las diferentes lecciones y prácticas de la vida, incluida la interpretación que uno hace de su propia vida— dan pie a los *juicios* que se tienen o generan con respecto a algo; estos se ponderan por medio de los *mapas mentales*, donde entre otros elementos encontramos los valores, que son estándares personales y funcionan como tamiz en relación con lo aprendido socialmente desde la familia, la escuela y la comunidad (sistemas). Este filtro repercute en cómo uno incorpora esa realidad a la forma en que ve o vive la vida, lo que define la *percepción* del mundo, al menos el que cada uno se construye, la visión particular del mundo que uno tiene; al decir "incorpora" lo hago en el sentido literal de la palabra, "llevar al cuerpo", a manera de sensaciones. Esta incorporación genera *emociones* y sentimientos que repercuten en la predisposición a actuar, lo que por definición entendemos como *actitud*, es decir, una postura a favor o en contra de algo. También entran en juego las *motivaciones* que tenemos o no para hacer algo, lo que conforma la *dimensión de orientación*, que procesa internamente la información que uno se ha generado, para producir una acción con respecto a dicha situación o circunstancia, y esas acciones son lo que los demás ven: son *comportamientos*. Dado que nuestras acciones generan ser y en realidad uno es lo que se dice, la identidad y el ser se encuentran al centro, ya que se construyen desde los juicios y las creencias que abren el ciclo y donde se encuentran o no las posibilidades de devenir en quien uno quiera, y de modificar las creencias para que este devenir sea posible.

En este modelo tenemos los tres dominios primarios: cuerpo (frontera o línea entre el mundo interior y el exterior), emoción (como impulsor de la acción, consecuencia de las creencias y de la percepción) y lenguaje (lo que se dice, en el mundo exterior, y lo que se piensa, en el mundo interior).

Los valores refuerzan el comportamiento y viceversa; si ambos son compartidos por un grupo de personas es lo que se denomina *cultura*, lo que se puede ver, por ejemplo, en una empresa: el proceso vale también para una *identidad empresarial* o corporativa. De una forma u otra, dado que los valores son estándares personales, o en este caso empresariales, son juicios y son discrepables por definición, aun cuando en la empresa se tengan definidos y posean el mismo significado para todos los que ahí laboran; sólo valen para esa empresa, vista como un ente individual, y como tal, con juicios o creencias.

A partir de este modelo quiero establecer otro paralelo en cuanto a significado: entre *espíritu* e *identidad*. Si la planta interna, que es el espíritu, se alimenta de las creencias, las emociones, las palabras y las acciones, tenemos exactamente el ciclo que establece este modelo, y por tanto lo que nutre y genera o no la fortaleza de la identidad: surge a partir de los juicios que se tengan y los que no con respecto a uno. Si el espíritu y la identidad son sinónimos desde esta visión, entonces la autoestima y la actividad laboral los nutren.

Profundizando en la interpretación, agregaré que san Agustín decía que: "La identidad es nuestra esencia, lo más íntimo de lo que se es íntimamente. Es el centro a partir del cual uno siente el mundo y se diferencia de este. Es contemporáneamente conciencia y vivencia de ser". Al hablar de Rolando Toro, mencioné que para él la identidad se relaciona con la *conciencia de uno mismo*, lo que lleva implícita la identificación del propio cuerpo y de ser diferente. Decía antes que para este autor la identidad es un tema relacional: "Soy con el otro", señala, y agrega que el mayor miedo de la gente es a no ser, de ahí que relacione el tema de la identidad con *presencia* y *acción*. Respecto de la identidad, retomo también la perspectiva de la ontología del lenguaje: el concepto de *juicio de identidad*, desde donde somos quienes decimos ser a partir de la declaración "Soy…" o "Somos…". Finalmente, es Fred Kofman con quien complemento el concepto de identidad, desde el ámbito laboral; para este autor la pérdida del empleo afecta a nuestra economía tanto como a nuestra identidad, y sin embargo la identidad, complementa Toro, también es movimiento. En el ámbito laboral el puesto que uno ocupa es equivalente al rol que tiene, lo que para Fromm es justamente un concepto de identidad y una necesidad psicológica básica.

Es así que, dada la asociación que ofrecen estos autores sobre la identidad, rescato las siguientes acepciones relacionadas con esta noción: *conciencia, movimiento, relacional, presencia, acción* y su relación con la actividad laboral a través del rol (puesto). Desde esta asociación de ideas, y a partir del concepto de nutrición del alma, donde al nutrir esta lo que sustentamos es nuestra identidad, retomo la definición que doy del desarrollo (del ser) humano como la definición de identidad, quedando de la siguiente forma:

> La identidad es la metamorfosis que cada individuo realiza en el momento preciso en que requiere potenciar una vida completa y saludable hacia la felicidad, por medio del cuidado propio y de otros para construir y establecer vínculos sanos de largo plazo que nutran su espíritu con la actividad laboral que realiza y su alma en la vida para disfrutarla en y con plena conciencia de sí mismo.

De tal forma que, al hablar de desarrollo (del ser) humano, indistintamente hablaré de identidad. Analicemos cómo surge esta relación. Lo primero es la relación con la conciencia y cómo a partir de esta uno se transforma (metamorfosis). Al hablar de "el momento preciso en que requiere potenciar..." están implícitas la conciencia y la epigénesis. "Potenciar hacia" nos habla de *movimiento*; "el cuidado propio y de otros" es un concepto relacional y de vinculación. La actividad laboral es explícita en la definición y se vincula con la identidad al utilizar el puesto que uno ocupa como declaración de identidad, por ejemplo, "Soy director de...".

"En y con plena conciencia", más allá de explicitarla, nos habla de e implica *presencia* (en uno mismo). Finalmente, si para la *acción* consideramos los verbos, tenemos *realizar, potenciar, construir, establecer, nutrir, disfrutar,* y por supuesto la metamorfosis, que si bien no es un verbo, es un proceso que conlleva la acción de transformarse. Por último, tomando en cuenta dos elementos que resultan importantes y resaltan —la vida laboral, y el concepto de "soy con el otro"—, y recuperando el concepto de juicio de identidad (ontología del lenguaje), esto será observable desde los *roles* que cada uno establezca para sí mismo, ya que en estos va implícita la relación con respecto a alguien.

Si hablar de identidad y desarrollo (del ser) humano es indistinto, entonces el Modelo de Identidad Psíquica puede ser denominado como tal, quedando implícito que es uno de desarrollo humano; en palabras de san Agustín, esto sería lo más íntimo, lo que se es intrínsecamente. De ahí que, en la distinción que realizo entre identidad y ser, resalta que hablar de ser es un tema de identidad *futura*. Por tanto, si la identidad pertenece al mundo del desarrollo humano, al desarrollar cada individuo su propio ser-devenir (humano), lo que está desarrollando es su identidad, lo más íntimo de sí, lo que a su vez reconozco como el *alma* del individuo.

El número 7, además de la mente, es el primer número espiritual, así que traer el concepto de psique (que tiene que ver con el alma), combinado con el aprendizaje de este modelo y el comienzo del ciclo a partir de los juicios (mente), da paso a las visiones que complementarán este desarrollo mental desde las perspectivas de la numerología y la nutrición del alma.

N: PRIMER NÚMERO ESPIRITUAL

El 7 es el número de la mente, tiene que ver con todos los procesos mentales: el estudio, la investigación, el análisis, la memoria; en general, es el número del aprendizaje y la enseñanza. Desde el concepto de la línea de vida, el 7 es aquel que ha alcanzado tal nivel de experiencia que se vuelve maestro. Este número representa ciclos que terminan y vuelven a comenzar. Con el 7 inicia la tercera y última tríada de números, los números espirituales.

Cuando el 7 está en el día, el enfoque a desarrollar es el alma y el interior a través de la mente. Es un gran conversador, ya que le gusta aprender de todos los temas, mente curiosa que busca saber y entender *todo*. Dada la espiritualidad implícita en este número, tiende a meditar, a retraerse en sí mismo, a entender que las respuestas están en su interior y debe contactar con su sabiduría interna. Disfruta de la lectura y cualquier actividad que le represente aprendizaje: cursos, videos, talleres, lecturas, etcétera.

Cuando el 7 está en el mes, conlleva una labor hacia el exterior, esto será a través de la actividad laboral o la profesión. Con frecuencia son muy buenos maestros, investigadores, filósofos, teólogos, escritores, pedagogos, psicólogos, en general actividades que conlleven el entendimiento del pensamiento humano. Habilidades por desarrollar hacia los demás: comunicación, humildad, contacto con las emociones, más que con el intelecto.

El significado del 7 en general

En positivo: Cuando la energía del 7 vibra en positivo y hacia el desarrollo, lo hace con una gran capacidad para enfrentar nuevas situaciones; tienden a la acción, al estudio. Son incansables en el aprendizaje, perfeccionistas, pensadores, sabios, filósofos, líderes. Son idealistas, soñadores.

En negativo: Por otro lado, cuando el 7 vibra en negativo, estanca la energía y tiende a la melancolía, a refugiarse en el pasado; se aísla, duda de su propia capacidad. Tenderá a pensar "ya sé de qué se trata", actitud que lo cerrará al aprendizaje.

El 7 como misión de vida

Ha elegido desarrollar su mente mediante la investigación en las áreas filosófica, religiosa o matemática; quizá en estudios teológicos, astronómicos, físicos, químicos o históricos. La conciencia que desarrolla su capacidad interna le permitirá conectar y desarrollar su intuición y percepción; un gran reto en su aprendizaje es expresar y comunicar sus emociones. Busca respuestas, sobre todo a través de la introspección en el mundo interior y de la investigación en el exterior. Se le recomienda meditar antes de actuar. Será conveniente que se oriente a descubrir, por medio de la investigación, el valor del equilibrio que debe existir entre lo material y lo espiritual. Es importante cuidarse de los estados depresivos (la mente en el pasado lo llevará a tendencias melancólicas) para transformarlos en estados reflexivos y de aprendizaje, para lo que requiere encontrar formas de tener la mente en el presente, en el "aquí y ahora"; cuando lo consiga, las posibilidades se potenciarán. Quiere evitar el poder, por lo que es importante que atienda los impulsos destructivos, ya que tenderá al autoboicot para no tenerlo. Un reto es reconectar con su aspecto místico desde la filosofía y la meditación. Requiere trabajar con su ego, sobre todo en términos de "lo sé todo". Buscará constantemente la verdad mediante la investigación.

El 7 como talento (regalo divino)

Liderazgo que lo hace brillar, todo lo eleva en vibración y le es fácil generar buena energía.

NA: NUESTRA MENTE CREA, ES NO-MATERIA

La confianza: ese es el tema en este capítulo. Confianza en el Universo y en uno, confiar en que somos una réplica del Universo y somos uno con él.

Si en este punto hemos reforzado nuestra identidad, quiere decir que lo que al momento se cree de uno mismo está relacionado con la fortaleza, con la seguridad y con la confianza propia.

Este nivel de desarrollo implica un reto mayor. Vimos recién en el apartado anterior que el 7 es el primer número espiritual, y desde el concepto de espíritu que he planteado a lo largo de este libro, apelo al de la planta interior. Pues bien, este capítulo tiene que ver con el desarrollo interno, el de la planta, y para tal efecto es importante empezar por identificar conscientemente, más allá de lo que uno cree de sí mismo, lo que cree de aspectos que conforman el mundo exterior. Es momento de empezar a hacer conscientes los pensamientos que se tienen acerca de la vida, el amor, las relaciones, una pareja, ser padre / madre, las capacidades propias, la vida laboral, los jefes, la amistad, etcétera, conceptos que sin duda estarán manifiestos en nuestro mundo exterior, materialización de esos pensamientos de nuestro mundo interior. Ya no sólo se trata de lo que uno cree de uno mismo desde la identidad, sino desde nuestro ser uno con el Universo; desde el entendimiento de que absolutamente todo lo que tenemos y no tenemos en nuestras vidas fue creado por nosotros y esta creación comenzó con un pensamiento, a veces una creencia que a fuerza de repetirla se empieza a ver como verdadera. Por ejemplo, hay personas que creen que la vida es difícil, y así lo expresan. Ahora bien, las palabras *difícil* o *no fácil* salen del vocabulario de quien las emite; existen porque habitan en esa persona y por tanto en *su* mundo exterior.

Te preguntarás: ¿esto quiere decir que si pienso algo, lo construyo? ¡Exacto! Es algo que mencioné desde el principio y corresponde a la ley de reciprocidad: como es adentro, es afuera. Si ahora lo puedes ver, es quizá por el recorrido que hemos hecho a lo largo de este libro.

¿Cómo es esto posible? En realidad es muy fácil cuando uno lo entiende. Nuestro exterior sólo es reflejo de nuestro interior, y afuera se construye lo mismo que hemos construido adentro. Las palabras que elegimos, lo que sentimos, lo que decimos y lo que hacemos son resultado de nuestros pensamientos, de nuestras creencias. Al entender esto podemos ver también a la inversa: el Universo está en nosotros. Aquí es donde entra la confianza; recuerda que esto opera, seamos conscientes de ello o no.

Según la física cuántica, la materia está formada por átomos, aunque la materia prima del Universo es no materia; hoy, gracias a este descubrimiento, el átomo (unidad básica de la materia) ya no se ve como una entidad sólida: se trata de impulsos de energía e información. La distribución y cantidad de energía de cada átomo hacen la diferencia, y eso da forma a la materia. Por ejemplo, no es lo mismo la constitución del agua o de una flor que la de una roca o el metal; los átomos que conforman a cada uno de estos elementos tienen una distribución diferente y por eso son distintos. Lo mismo pasa con nuestros pensamientos. Son exactamente eso: impulsos de energía e información, y por tanto dan forma a lo que su distribución y cantidad de energía representan.

Confía en que los tiempos del Universo son precisos y exactos, y que si estamos en sintonía y frecuencia en nuestra propia vibración, a nosotros sólo nos corresponde vibrar nuestro desarrollo conforme a lo positivo que hemos visto en cada uno de los números anteriores. El 7 es el conocimiento, el entendimiento, la mente. Decía Stephen Covey que las cosas se crean dos veces: primero hay una creación mental y después una creación física. Así es, y construir la vida como la deseamos no es una utopía, es un acto que demuestra posibilidad y depende de uno.

Para dar el primer paso, es importante que inviertas en ti, en tu mente, en conocimiento. Te recomiendo buscar un video que encontrarás en YouTube: *Mi sueño motivación (dream motivation). (Spanish subtitles)*, en la siguiente liga: https://www.youtube.com/watch?v=ACMjcFx5xlc

PARA NUTRIR TU ALMA

Si la mente constantemente está creando pensamientos y no siempre somos conscientes de cuáles son, haz pausas para detenerte a pensar: ¿en qué estaba pensando? Independientemente de que te des cuenta de en qué pensabas y con qué palabras, te harás consciente de ti y tus pensamientos. Si la mente va a estar ocupada, mejor hazlo conscientemente repitiendo mantras o algún decreto de prosperidad.

Capítulo 8. Poder y abundancia

La abundancia no es algo que adquirimos,
es algo con lo que nos sintonizamos.
WAYNE W. DYER

AQUÍ ES DONDE COMIENZA Y HABITA LA MAGIA. Una vez entendida nuestra mente, nos queda usarla a favor, jamás en contra.

Hablar de abundancia es hablar de posibilidades infinitas. Es usar nuestra mente a favor y en conciencia. Es usar nuestra capacidad creadora en todo su potencial.

La abundancia, al igual que la prosperidad, generalmente se asocia al dinero y también al desarrollo humano. Si crees que tienes riqueza interior, o te resistes siquiera a la palabra *riqueza*, recuerda que sólo es cuestión de creencias. ¿Qué piensas con relación a tener mucho de todo? ¿No es acaso esa la abundancia? Con esto quiero decir que si la gente no tiene todo lo que desea es porque no lo ha pedido, no están listos para recibirlo o tienen alguna creencia que los limita a "no necesito más, tengo lo suficiente y soy feliz". La felicidad no está asociada a tener más o menos, eso es una creencia; en todo caso, si con lo suficiente eres feliz, con más podrías ser más feliz. ¿Estarías dispuesto/a?

Pensar en poder es abrir posibilidades. Pensar que tú puedes, es entrar a ellas. Pensar en abundancia es abrirte a recibir todo lo que deseas. El poder como posibilidad de prosperidad equivale al *yang*, a lo masculino, a lo que penetra, a la fuerza que da, mientras que la abundancia es receptora, el *yin*, lo femenino. Y en esta dualidad, el número 8 es el equilibrio entre lo material y lo espiritual. Esto equivale al dar y recibir. ¿Recuerdas que ya había dicho que es importante equilibrar ambas acciones? Lo material es sólo el espejo del mundo interior, y en el interior tenemos al espíritu, que equiparamos a la identidad.

El poder del 8 radica en su equilibrio, en reconocer que todo, absolutamente todo, lo podemos manifestar y materializar; es abrir la puerta al entendimiento de que somos uno con el Universo, con la naturaleza, entender que sus leyes operan en nosotros.

Es reconocer la intuición, los instintos. Si existe, puede ser para todos, incluidos cada uno de nosotros.

LR: PODER (PÓMULOS) / GENERADOR DE DINERO (NARIZ) - LAS POSIBILIDADES

En el capítulo 4 hablamos sobre el dinero y cómo concretar a través de los objetivos; hablamos de lo material. En este capítulo hablaremos del poder y la abundancia, y en el rostro podemos asociar estos conceptos a dos elementos: los pómulos y la nariz.

Cuando se observan los pómulos, como en el caso de la foto que analicé en el capítulo 6, son un rasgo que se asocia con personas que atraen la atención, que confían en su poder interno, y por tanto la gente sabe que hay que hacer lo que estas personas dicen. En general los pómulos implican el poder interno, y entre más visibles, más confianza se tiene la persona. La buena noticia de esto es que se pueden desarrollar y esto se logra por medio de la sonrisa. A veces los pómulos no son tan notorios; sin embargo, al sonreír se dejan ver. Esto podríamos interpretarlo como que al sonreír incrementamos nuestro propio poder personal.

En contraparte, y sin limitar la abundancia a lo material, entendiendo que esta sólo será la manifestación de nuestro mundo interior, podemos identificarla como *materialización*. Nuestra capacidad para generar dinero sólo es resultado de la confianza que tengamos en nosotros mismos para hacer, para concretar. Brad Sugars dice que el dinero es un concepto de confianza y acción. La confianza, como ya vimos, es un juicio, y como también podemos reconocer en el Modelo de Identidad Psíquica, la acción será el resultado de ese juicio.

En el rostro, podemos identificar en las aletas de la nariz la capacidad de hacer dinero. Cuando estas son más duras que suaves se distingue esta capacidad. Dado que las aletas son cartílago, se pueden fortalecer haciendo movimientos que las ejerciten. Intenta moverlas, tensionándolas y aflojándolas; repite este movimiento y se fortalecerán.

Al hablar de poder y abundancia también surge el enfoque de las posibilidades. El poder como posibilidad de acción y la abundancia como posibilidad de obtención.

Si entendemos que el poder como posibilidad nos habilita para ver que lo que sea que creamos es posible, entonces necesitamos estar preparados para recibir, ya que la abundancia se vuelve posibilidad de obtención de todo aquello que soñamos, que deseamos. La abundancia es mucho de algo, por lo tanto, implica estar preparados y abiertos a aceptarla en nuestras vidas; al dar y recibir, regresamos.

Veamos un ejemplo de este desarrollo a través de la mirada del Modelo de Identidad Psíquica. A partir de una mentalidad de abundancia o de escasez (juicios acerca del dinero), se verán las posibilidades de generarlo uno mismo o la imposibilidad para hacerlo (percepción), que derivarán en la predisposición (actitud) a generarlo por medio de alguien más (externo-empleado), por uno mismo (interno-emprendedor) o no generarlo. Esto será con entusiasmo, alegría, miedo, tristeza, amor o enojo (emociones) según lo que se diga cada uno a sí mismo (lenguaje), derivando en emplearse en una empresa, emprender un negocio o no hacer nada (acciones), lo que generaría ser empleado o ser emprendedor (identidad). En caso de que un empleado cambie a ser emprendedor o viceversa, podremos identificar un devenir en otro ser (humano).

Todo está en la mente y se traduce en confianza, en que somos nuestra propia fuente generadora de abundancia y sólo necesitamos estar preparados para recibir y abrirnos a las posibilidades.

La cuestión de las posibilidades es infinita, ya que estas se abren o cierran con los juicios que generamos, incluidos el de confianza en nosotros, en nuestra capacidad de generar y de que nos merecemos todo lo bueno, absolutamente todo lo bueno

N: EQUILIBRIO ENTRE LO MATERIAL Y LO ESPIRITUAL

La energía del 8 representa el poder y la abundancia, el equilibrio entre lo material y lo espiritual, lo científico y lo "esotérico". Gráficamente el 8 es dos "huevitos de energía", dos ceros, uno arriba y otro abajo; de ahí el equilibrio. Dado que se encuentra en la tríada espiritual, desde la línea de vida es el líder, el ejecutivo, el "aprendiz de mago".

Como el 8 representa lo oculto, considero pertinente introducir otro número, que representa la energía que denomino *el reto*, y que se obtiene con la suma del día y el mes, lo que supone su integración; es una energía presente aunque no es observable a simple vista, por lo que identificarla nos permite transformarla para vibrarla en positivo, ya que generalmente vibra en negativo por estar oculta, y es otra forma de lograr la unión entre el alma y el karma, entre lo público y lo privado, lo interno y lo externo, y de integrar el desarrollo de la energía personal (día-alma) con la labor hacia los demás (mes-karma), lo que nos avanza dos pasos en nuestro recorrido de vida hacia nuestra misión.

Asimismo, el 8 es considerado un número kármico, es decir, que tiene un aprendizaje no logrado de una vida anterior. El aprendizaje a desarrollar es reconocer el propio poder a partir del equilibrio entre lo material y espiritual, e identificar en su símbolo, de forma vertical, el del infinito (lemniscata) ∞, el constante movimiento del Universo, por lo que su aprendizaje es enfocar ese poder y conocimiento a ayudar a los demás para generar un bien. Esta energía kármica (de falta de aprendizaje de otra vida) es mayor cuando está en la misión de vida; sin embargo, si está en el día o en el mes, resulta importante considerarla como una tarea personal o hacia los demás, según sea el caso.

Cuando el 8 está en el día, el enfoque a desarrollar es el alma y el interior por medio de evitar la autoexigencia, de equilibrar el poder entre lo material y lo espiritual. Es importante reconocer que, dado que es un número espiritual y representa lo "oculto", la respuesta siempre está en el interior. Quien tenga este número en el día, debe confiar en su energía de autosanación y mantener un constante cuestionamiento a su propio conocimiento.

Cuando el 8 está en el mes, conlleva una labor hacia el exterior, y esto será mediante la actividad laboral o la profesión. Con frecuencia se eligen profesiones como ejecutivos, militares, puestos de poder, profesores de educación física, áreas de salud alternativa, desarrollo de ciencias ocultas, labor con energía, sanación, etcétera. Habilidades por desarrollar hacia los demás: comprensión, criticar menos los errores, ser más indulgente con la falta de conocimiento o de perfección del otro.

El significado del 8 en general

En positivo: Cuando la energía del 8 vibra en positivo y hacia el desarrollo, lo hace con equilibrio entre lo material y espiritual, con conexión a su propia e infinita fuente de poder interior, canalizando su poder mental hacia las ciencias ocultas, medicina alternativa o sanación.

En negativo: Por otro lado, cuando el 8 vibra en negativo, estanca la energía y tiende a no descansar ni la mente ni el cuerpo, a "olvidarse" del equilibrio que supone el 8 y acumular en su interior energía o enojo que le costará expresar, y que al acumularse se manifestará en una "implosión", generando situaciones de cirugía o problemas de salud en vísceras: vesícula, bazo, hígado, páncreas, riñones, colitis, etcétera. Es común que en tal caso experimente temor y le cueste canalizar su energía para cumplir con lo que se propone, incluida la falta de visión para reconocer aquello hacia donde desea dirigir sus pasos.

El 8 como misión de vida

Este número recuerda el equilibrio entre el mundo material y el mundo espiritual. Indica una gran fuerza tanto psíquica como espiritual con la posibilidad de enfocarse en emprendimientos importantes, para los que tendrá capacidad y fuerza. Le cuesta procesar sus estados internos de miedo. Si tiende a "olvidar" el equilibrio que supone esta energía, se puede enfocar en el mundo empresarial como un alto ejecutivo que mueve fortunas o como alguien volcado a la investigación de lo oculto y esotérico, todo lo que tenga que ver con el mundo de lo que no se ve. En ambos casos no está cumpliendo el camino de su destino, puesto que su mayor aprendizaje está en integrar ambos mundos. Debido a su gran fuerza, quien tiene una misión de vida 8 tendrá que aprender a canalizar su energía en pos de sus objetivos; de lo contrario, será víctima de un temperamento agresivo y destructor.

El 8 como talento (regalo divino)

Estará en paz consigo mismo en el momento en que logre profundizar en su interior; tendrá constancia en aquello que decida emprender en su trabajo y relaciones, logrando así la maestría de sí mismo, la sutileza, la calma; fluye, está en armonía. Siempre le resultan bien sus proyectos. Es una persona que va hacia delante, ayudando a otros seres a plasmar sus proyectos.

NA: PODER COMO POSIBILIDAD DE ACCIÓN Y ABUNDANCIA COMO POSIBILIDAD DE OBTENCIÓN

Imagina que alguien te encarga que cuides un bebé, y aceptas. ¿Olvidarías alimentarlo? Seguramente responderás que no. La abundancia también se alimenta, igual que al bebé, para que crezca; igual que al espíritu, para que se fortalezca. Es un tema de hábito y disciplina.

El poder y la abundancia, por un lado, son para todos tema de posibilidad, y por otro, de estar verdaderamente comprometido con querer alcanzarla y tener la disciplina de hacerla un hábito, como comer.

En el apartado anterior, al decir qué representa el número 8 hice mención de que es el "aprendiz de mago", y así es. En realidad no es un tema de magia sino de cuidado en los pensamientos y en las creencias que asociamos a diferentes eventos, y la posibilidad de cambiarlos por otros.

Es en este momento donde la confianza y ver adentro son la manera de manifestar nuestros deseos, aun aquellos de los que no somos tan conscientes. La confianza radica en saber que el Universo tiene leyes: seguirlas y operar conforme a ellas nos abre puertas, como magia. Ver adentro es la posibilidad de hacer que el Universo, con todas sus leyes, opere dentro de nosotros, y de ahí hacia afuera.

Dado que reiteradamente, a lo largo de los diferentes capítulos, he resaltado la importancia de conocer las leyes del Universo y operar conforme a ellas, a continuación enlistaré las siete leyes que se encuentran en el *Kybalión*,[27] que si no son las únicas, su conocimiento y aplicación son indispensables para todo aprendiz de mago.

El primer principio es el del mentalismo. El todo es mente. Si el Universo es mental, entonces la transmutación mental debe ser el arte de cambiar o transformar las condiciones del Universo, ya sea la materia o la energía de la mente. De materializar la no-materia en materia. Esto quiere decir que somos capaces de construir, o no, por medio de nuestros pensamientos, de ahí la importancia de ser consciente de los que se tienen y de las palabras que se eligen y usan, aun cuando sólo se esté hablando con uno mismo, ya no digamos con alguien más.

El segundo principio del Universo es el de la reciprocidad. Este dice: "Como es arriba, es abajo, y como es abajo, es arriba". Esto es de aplicación universal en los planos mental, material o espiritual del cosmos; por lo tanto, es una ley universal. Existe lo que se conoce como la regla de oro: "No hagas a otros lo que no quieras que te hagan a ti", y yo agregaría que no sólo se trata de no hacer a los demás, sino de entender que lo que hacemos se nos va a regresar. Si eres fuente, a ti regresa: así encuentra equilibrio el Universo. Este principio aplica también en "como es adentro, es afuera".

---

[27] Es un libro que apareció "de repente" en la vieja Europa hace más de un siglo, aunque se remonta a tiempos ancestrales. Está firmado por tres iniciados que develan las enseñanzas ocultas y misteriosas de Hermes Trismegisto, legendario sabio de la Antigüedad.

La direccionalidad es indiferente y la realidad se replica a sí misma, independientemente de la dirección que tome.

El principio de vibración. Este dice: "Nada está inmóvil, todo se está moviendo; todo vibra". Es el principio bajo el que funciona la numerología. Algo que me parece relevante resaltar es que si bien todo vibra, también lo es que la energía de la vibración es positiva o es negativa, y se carga en cualquier sentido por nuestra actitud. A raíz de la publicación del libro *El Secreto*, para muchas personas este principio es más conocido como el de *atracción*, en el que se atrae aquello que se piensa o a lo que se le tiene miedo. En realidad no es otra cosa que el principio de vibración operando: a una misma vibración, mayor atracción.

El principio de polaridad. Este dice que "Todo es dual, todo tiene dos polos, todo su par de opuestos; los semejantes y los antagónicos son lo mismo y sólo varían en grado". Me gusta definir este principio como ya lo he hecho en páginas anteriores: "Los opuestos hacen el equilibrio". La unidad se forma de los opuestos, como el *yin* y el *yang*.

El ritmo. Este principio dice: "Todo fluye y refluye, todo tiene sus periodos de avance y retroceso, todo asciende y desciende, todo se mueve como si fuera un péndulo". Sincronizarnos tanto con la vida como con el Universo es una cuestión de entrar en el ritmo de estos. Esto es observable en la naturaleza, en los tiempos de los procesos de vida en la gestación, en el desarrollo de la misma. Los tiempos del Universo son precisos y exactos, ni antes ni después; hay un tiempo y por tanto un ritmo.

Causa y efecto. Nada es casualidad, las cosas que nos llegan son las que necesitamos, y también son consecuencia y resultado de aquello que permitimos e hicimos en el pasado. La casualidad no existe, todo es resultado de lo que, a veces inconscientemente, uno desea; el Universo sólo lo cumple. Es en este punto que debemos tener cuidado con lo que deseamos, porque el Universo nos lo cumple, y cuando digo *cuidado* me refiero a que es importante saber pedir, decretar y estar consciente de que si lo pedimos y es para nosotros, el mismo Universo confabulará para traer a nuestras vidas eso que deseamos, a veces de formas que no imaginamos.

La concepción. Si lo pensamos, es interesante identificar que todo se concibe en la mente y de ahí se genera, así que esta concepción nos lleva de nuevo al primer principio y por ende a los demás. Se trata de generar, regenerar y crear.

....

PARA NUTRIR TU ALMA

Poner en práctica estas leyes es ser consciente de nuestros pensamientos, por pequeños que estos sean. El Universo los escucha, de ahí que es crucial empezar a confiar en nuestra propia capacidad de generar.

Capítulo 9. Cierre de ciclos / Crecimiento espiritual

> Abandonarte la Fuerza no puede. Constante ella es.
> Si encontrarla no puedes, en tu interior y no fuera deberás mirar.
>
> Master Yoda (*Star Wars*)

Cerrar ciclos es importante; más de lo que se piensa. Cerrar es recuperar nuestra energía. Cuando abrimos algo, requerimos energía que se queda en aquello que iniciamos; por eso cerrar es completarnos, recuperarnos.

Al usar la palabra *cerrar* la gente generalmente asocia el término con una relación, y por supuesto que es importante cerrar una relación, como también lo es cerrar deudas, un trabajo, un proyecto, una titulación, en fin, todo aquello que abramos. Otro punto importante es la emoción con la que se cierra, ya que esta es energía y se nos queda, y atraerá más de la misma al siguiente ciclo.

¿Te parece casualidad que un bebé se geste en *nueve* meses? Recuerda que las casualidades no existen, o como diría yo: "Ya para casualidad, es mucha". Un ciclo implica un proceso y llevarlo a buen fin es permitir que se dé la metamorfosis.

Recuerda que el *timing* del Universo es perfecto y exacto. A veces las cosas se acaban o las personas se alejan de nosotros, y puede ser que uno se resista; sin embargo, recuerda, el Universo es sabio y todo lo que nos pasa nosotros lo construimos. Quizá nuestra vibración cambió, quizá fue un pensamiento del que no fuimos conscientes, quizá no agradecimos, quizá simplemente se acabó el ciclo. Si se retira de ti o tú decides alejarte, bendice, perdona; hazlo con amor, con agradecimiento. Si lo que terminó no era bueno o te hacía mal, agradécelo doblemente; si lo que terminó era bueno, prepárate: ¡lo que sigue será *es-pec-ta-cu-lar*! La forma en que cierres será la forma en que abras. La forma es importante. Si no depende de ti: ¡suelta! Vive el presente; igual agradece y bendice, perdona y deja el pasado atrás. Si depende de ti: comprensión y cuidado. Dice Paulo Coelho que "Siempre es preciso saber cuándo se acaba una etapa de la vida. Si insistes en permanecer en ella más allá del tiempo necesario, pierdes la alegría y el sentido del resto". Así que no restes, no pierdas: ¡suma y multiplica! Todo lo que abras, ¡ciérralo con gusto, con alegría, y por sobre todas las cosas, con agradecimiento! Ponte en manos del Universo, te está preparando algo infinitamente mejor. ¡Confía!

LR: LA VOCACIÓN (FORMA DE LA CARA) / ESPIRITUALIDAD (OREJAS) / AGUA - LA PROFESIÓN

Al inicio mencioné que si viéramos los números como una línea de vida, el 9 sería el viejito sabio que ha acumulado experiencia de vida, y por tanto sabiduría.

Sabiduría que podemos traducir como el desarrollo de lo espiritual, de nuestro interior, de nuestra identidad. En las orejas y en los rasgos de agua podemos ver la espiritualidad. ¿Recuerdas que al inicio mencioné los cinco elementos que se pueden ver en el rostro? Entre ellos está el agua. No quiere decir que no tengamos los otros cuatro, madera, fuego, metal y tierra; simplemente, por lo general hay rasgos que predominan y eso nos aporta más de algún elemento a nuestros rostros. Los rasgos de agua están en las partes del cuerpo que son ríos, ¿recuerdas? Son las facciones más suaves y con humedad: orejas, la línea del cabello, ojos y boca, a diferencia de las montañas, que tienen huesos.

Rescataré las orejas como indicador de espiritualidad. Por un lado, las orejas representan la cantidad de energía que se tiene; a mayor tamaño, mayor energía y viceversa. En materia de autorregulación, a mayor energía, mayor necesidad de descanso, aunque no se sienta la necesidad de hacerlo. Cuando la parte superior de la oreja tiene una forma de pico, como de duende, habla de personas enfocadas a lo espiritual, entendiendo esto como el desarrollo del mundo interior.

Las personas con el *agua* como elemento predominante en su rostro tienden a la espiritualidad. Algunas de las características que resaltan en este tipo de rostros son: frente ancha y redonda, filtrum (hoyuelo arriba de la boca y debajo de la nariz) bien definido, barba fuerte y prominente, orejas grandes o de lóbulos (la parte inferior) grandes, sin rasgos angulosos en el rostro. Personas con estos rasgos se enfocan hacia lo místico y por lo regular tendrán cualidades o capacidades como sanación, creatividad, misticismo, fortaleza.

Hablar de una sabiduría y conciencia enfocadas siempre hacia nuestro interior es tener una mirada compasiva que conecte con el amor desde adentro para que este salga, amor que cuando lo vertemos en nuestra actividad laboral y la realizamos con gusto, con pasión, no sólo nos nutrimos nosotros, nos volvemos nutriente para los demás. Tiene sentido: si adentro hay nutrición, sale nutrición; si adentro hay amor, sale amor; y si adentro hay enojo, tristeza o malestar, eso también sale.

Podemos ver en el rostro, en la forma de la cara, la manera en que podemos nutrirnos desde la actividad o profesión que elijamos. Es importante señalar que son pocas las personas que tienen el rostro tan definido que no implica una combinación; casi todos tenemos una combinación de formas en nuestro rostro y a veces habrá que mirar, como en el capítulo 6, las semejanzas y diferencias entre rasgos de cada lado, y entre arriba y abajo.

A continuación te daré una relación de aspectos positivos y negativos, entendiendo estos desde el mismo lugar que la numerología: nada es ni bueno ni malo; lo positivo desarrolla, lo negativo atora. En todo caso, lo negativo te permite ver aspectos por desarrollar para crecer. Estos son los tipos de rostro más comunes, sus particularidades y aspectos positivos y negativos.

Forma del rostro	Características generales	Aspectos + / -
Cuadrado	Confiables, se concentran en un solo tema, tenaces, con fuerza de voluntad.	+ Prácticos, realistas, organizados, puntuales. - Tercos, obsesivos, estrictos, rígidos.
Rectangular	Leal, confiable, aprecia la amistad, se esfuerza al máximo.	+ Libre, gusta de espacios abiertos, deportista, buena memoria. - Caprichoso, voluntarioso, perezoso, obstinado.

Diamante	Impaciente, mente rápida, no hay tiempo para los lentos.	+ Talentoso, simpático, inteligente. - Competitivo, inconstante, voluble.
Ovalado	Gentiles, suelen ser buenos anfitriones, diplomáticos, enfocados al servicio.	+ Elegante, con espíritu de servicio, adaptable. - Dependiente, sumiso, presumido, superficial.
Redondo	Sensibilidad y sentido común, huyen de las complicaciones.	+ Maternales, tranquilos, sensibles, dulces, estables, influenciables. - Dependientes, sentimentales, explosivos.
Triángulo	Autodisciplinados y realistas. *Triángulo invertido*: generalmente tienen una misión y sólo piensan en concretarla. Inteligentes y creativos. No perdonan.	+ Trabajadores, aplicados, centrados. - Agresivos, explosivos, bruscos.
Trapecio	Gran energía que requieren canalizar para evitar agredir.	+ Instintivo, valiente, arrojado. - Pasional, furioso, incontrolable.

Quiero cerrar este apartado con una historia que leí no hace mucho y que dice así: Estaba un maestro hablando ante mucha gente y pregunta a la audiencia: "Si tomara una naranja y la exprimiera, ¿qué saldría?". El público lo miró atónito pensando que era una broma, y un poco tímido ante lo obvio de la respuesta, finalmente alguien se atreve a decir: "Pues jugo". "¿De qué?", preguntó el maestro; con asombro y hasta molestia ante una pregunta tan obvia, el asistente del público respondió con cierta burla: "Pues de naranja, ¿de qué va a ser?". "Claro", respondió el maestro; "¿Estás seguro?", inquirió. "¡Sí, lo estoy!", dijo el otro. "Bueno", dijo el maestro, "lo mismo pasa con nosotros, no puede salir nada que no esté adentro. Si nos alimentamos de enojo, de alegría, de envidia, de amor, eso empieza a nutrirse y a gestarse dentro, y si eso hay dentro, eso saldrá". La pregunta es: si a ti te exprimieran, ¿qué saldría?

N: LA LUZ Y LA SOMBRA

El 9 representa el cierre de ciclos, es la paz interna y el desarrollo y crecimiento espiritual. Me gusta pensar en el número 9 como en *Star Wars*: los extremos de la energía representan "la fuerza jedi" o "el lado oscuro". Desde la perspectiva de la línea de vida, es la sabiduría de la edad, un anciano que recorrió toda una vida a través de lo que cada número significa y ha alcanzado ese estado de "estar bien consigo mismo".

Cuando el 9 está en el día, el enfoque a desarrollar es el alma y el interior fluyendo, entendiendo el poder del Universo, los misterios de la vida; reconectar con su fuerza y sabiduría interna, su conocimiento ancestral. Su labor será incrementar su calma y la sutileza a partir de la conexión con su mundo interno.

Cuando el 9 está en el mes, conlleva una labor hacia el exterior y esto será por medio de la actividad laboral o la profesión, que con frecuencia se desarrolla hacia la medicina, la abogacía o el sacerdocio. Habilidades por desarrollar hacia los demás: ecuanimidad, compasión, empatía y amor incondicional.

El significado del 9 en general

En positivo: La energía del 9, cuando vibra en positivo y hacia el desarrollo, lo hace con una conexión interior profunda, desarrollo de la sabiduría interna por medio de la meditación y la fluidez. Cuidan sus palabras para no agredir a otros.

En negativo: Por otro lado, cuando el 9 vibra en negativo estanca la energía y tiende a repetir ciclos, a encontrar obstáculos constantes, se muestra duro consigo mismo. Usan la palabra para herir a otros.

El 9 como misión de vida

Dado que este número representa la maestría, posee una fuerza especial. En su relajación más alta define al líder espiritual, al ser de luz (jedi); es común que tenga los sentidos muy despiertos, y si medita, su cuerpo sutil y espiritual también estará desarrollado, lo que le dará capacidad extrasensorial. Indica la posibilidad de transitar por pruebas, pérdidas, sacrificios, dolores y renuncias, muy probablemente con la finalidad de que, si ha cerrado sus ciclos de aprendizaje, pueda poner en práctica lo que sabe; de no hacerlo, se le presentarán cíclicamente las mismas situaciones para que use los recursos que ha adquirido y lo haga diferente. También es posible que se le presenten situaciones difíciles a manera de preparación y fortalecimiento para su crecimiento y robustecimiento interno. Si esta situación se vive como un castigo y lo domina la angustia, tendrá que atravesar toda una vida de pruebas; si, por el contrario, el resultado de su aprendizaje lo lleva a un crecimiento con sabiduría, la energía de la sabiduría interna se le regresará por medio de altos contactos y reconocimiento en el medio en que se desenvuelva. Se debe tener presente que también hay quienes teniendo esta energía optan por el liderazgo espiritual de la sombra ("lado oscuro"), entregándose a vicios y a toda clase de conductas de lo oculto con intención de hacer daño.

El 9 como talento (regalo divino)

La persona tiene por talento obtener la maestría de una manera rápida y con mayor facilidad que el resto de las personas, son capaces de captar rápidamente lo que ocurre a su alrededor.

NA: CERRAR CICLOS (AGRADECER Y PERDONAR)

Cerrar. Piensa en una puerta cerrada: para abrirla y pasar al otro lado necesita estar cerrada. Lo mismo pasa en nuestras vidas; no hay manera de que inicie algo nuevo si no hemos cerrado lo viejo. Cerrar nos permite estar en el presente, dejar el pasado atrás.

Aquí aplica todo lo que hemos visto anteriormente, y es muy importante ser consciente de lo que nos decimos acerca de algo o alguien; lo es tanto como la emoción con la que lo hacemos. La forma en que cerremos es la forma en la que vamos a abrir el siguiente ciclo. Mientras mantengamos en nuestra mente o constantemente estemos hablando de algo o alguien, con sólo pensarlo se energiza; si tiene energía se hace presente y si está presente no está cerrado, por mucho que digamos que sí. Cuando algo está cerrado, tampoco está en nuestra mente.

Hace algunos meses, en una conversación acerca de la forma en que alguien se había ido de una relación, le dije que era importante que cerrara, y me preguntó: "¿Cómo cerrar? ¿Qué es cerrar?", y eso me hizo reflexionar sobre el concepto. Mi respuesta fue: "Cerrar es terminar, y cuando hay otro, también es cuidar de ese otro. Cerrar es soltar, dejar ir".

Al hablar de cuidado hablamos de amor: a veces en ese soltar y cerrar están los límites, y en los límites la autoestima, la identidad y sobre todo el amor, a uno mismo y al otro; es reconocer que si esa persona o situación están en mi mundo exterior es porque están en mi mundo interior.

A veces el enojo es la emoción que no nos permite cerrar, o lo hacemos abruptamente; esa energía cargará el inicio de lo que siga. La forma en que cerramos es la forma en la que abriremos, y con la forma también hablo de energía. Si no cerramos, no podremos abrir: seguiremos en el apego del que hablamos en el capítulo 5, y lo que nos hace apegarnos a algo o alguien es nuestro ego o nuestra incapacidad para confiar en nosotros, en nuestro proceso de aprendizaje y seguir adelante. Si a uno llega es porque es para uno; es algo que se necesitaba para crecer, hacernos más fuertes, o simplemente lo generamos y el equilibrio del Universo se restablece. Si somos fuente generadora, a nosotros regresa. En cualquier caso, requeriremos de esa fortaleza o ese aprendizaje para lo que está por venir, así como el Universo requiere su equilibrio para seguir actuando.

No sólo hay que cerrar las relaciones, al pensar en abrir puertas necesitamos cerrar las anteriores. Esto se aplica al salir de un lugar para ir a otro, o con las cuentas, deudas, proyectos, entregas, promesas, etcétera. En el caso de una mudanza o salida de un trabajo, termina bien, entrega limpio, cuidado, siempre mejor que como lo hayas recibido; que se vea tu paso por ahí.

Dice Branden que las promesas no cumplidas envenenan el alma. En cuanto a las deudas de dinero, si las tienes y piensas en ellas constantemente, las energizas y se hacen más grandes; es mejor enfocarte en el pago para cerrarlas. Adicionalmente, tener una deuda implica que alguien más tiene tu energía o tú la de alguien más, por eso es muy importante cerrar y pagarla si tú la generaste, o liberarla y soltarla si alguien la adquirió contigo. La emoción con que pagues es la energía con que estás moviendo el dinero, el que, dicho sea de paso, también es energía; todo esto son impulsos de energía e información. ¿Que es mucho dinero el que te deben?, piensa: si ya ha pasado mucho tiempo del plazo acordado de pago y el deudor en cuestión no da señales de cumplir, suelta; si ese dinero es tuyo y a ti te corresponde, el Universo te lo regresará multiplicado. Si no te regresa, estás pagando una deuda que tenías con el Universo y que generaste de una u otra forma; pagarlo así siempre es mejor que con violencia, como lo son robos, asaltos, accidentes, que se generan desde el enojo, así que declara cerrada la deuda y hazlo con agradecimiento. En todo caso, pregúntate: ¿con qué energía se abrió esa deuda? ¿Con qué energía se entregó o recibió el dinero? Quizá sólo se está cerrando el ciclo como se abrió, por eso es importante soltar y de inicio cargar el dinero con energía positiva de pensamientos y emoción. Si te liberas de la energía del otro, al otro regresará la que abrió y tú transmutas para que se te abran ciclos nuevos. ¿Te deben y no te pagan? Comienza a pagar lo que debes y te empezarán a pagar. Revisa, ¿a quién no le has pagado? En ambos casos libéralo y suelta, así te liberas de la energía de quien no te ha pagado, y confía en que si es tuyo a ti regresará multiplicado de formas insospechadas, como suele actuar el Universo. Ahora sabes que la capacidad de generar más dinero sólo está en tu preparación y desarrollo interior, y puedes volver a generar esa cantidad y más.

Cuando hay enojo aparece nuestra verdadera lección. Si algo o alguien en el mundo externo te enoja, te molesta y logra que el enojo sea tan grande, muy probablemente este te ciegue y no alcanzarás a ver que si algo está afuera y lo ves es porque está adentro, que algo de eso que te molesta está en ti, y que si lo ves es porque lo reconoces. El enojo, al igual que las otras emociones, es una especie de dispositivo interno que nos alerta cuando nos estamos saliendo de la frecuencia propia que nos mantiene en línea con el Universo.

Estos eventos son la verdadera prueba de fuego para mantenernos en nuestro centro, en la confianza que dan el entendimiento y la valoración propia para tomar decisiones y actuar en consecuencia, sobre todo si estas decisiones son de vida y nos encaminan a estar bien, a no permitir que nadie tome nuestra planta y mucho menos a entregarla nosotros mismos a alguien más.

La mencionada prueba de fuego implica mantener presente en todo momento que todo lo que digamos o pensemos está construyendo eso para nosotros mismos. Recordar el poder de las palabras y usar el lenguaje de las bendiciones, el agradecimiento y el perdón, son muestras de que la lección ha sido aprendida y que uno es capaz de escuchar desde el bien de las personas.

Bendecir es una acción que sin duda queremos que se nos regrese; agradecer también. Por lo menos hay que agradecer el hecho que se haya presentado para que uno tuviera ese aprendizaje, es elemental; y si hay cosas lindas con las que uno se queda, es maravilloso y aún mejor. Tanto las bendiciones como el agradecimiento son lenguaje que la abundancia escucha. Finalmente, perdonar al otro, desde el entendimiento de que es lo mejor que esa persona pudo hacer con los recursos con que cuenta, es soltar y no engancharse en ciclos de autoboicot o autodestrucción; en todo caso, pide ayuda a un profesional para cerrar ese ciclo. También es trascendental perdonarse por la dureza con que uno se recrimina: recuerda y cuida las palabras que usas, eso mismo regresará a ti y constituirá el mundo en que te muevas. El perdón libera y sana; evita el resentimiento que envenena el alma. Si te liberas, se libera el otro. Si sanas tú, sana el otro.

Si bien no es fácil llevar esto a la práctica, tampoco es imposible. Conectar con nuestro interior, permitirnos llorar para sanar, dejar pasar y limpiar el alma son el principio de un nuevo ciclo. La conexión con nuestro espíritu, el desarrollo que supone seguir la línea de números hasta el 9, nos pone ante la disyuntiva de avanzar hacia la luz o elegir el camino del resentimiento, de la oscuridad. Cualquiera que sea la decisión, es una elección; si ahí está la atención, se potencia. Cierra y que las cosas terminen mejor que como iniciaron, es sanador y reparador. Confía en que las respuestas están en tu interior, y en cada uno queda elegir: tener más dolor, o transmutarlo en limpieza de alma para estar listos para lo *es-pec-ta-cu-lar*.

PARA NUTRIR TU ALMA

Cerrar desde las bendiciones y con agradecimiento es reconocer que la otra persona no nos hizo daño ni nos causó dolor con intención, simplemente es entender que es humano y está tomando decisiones. Hizo lo mejor que pudo con los recursos que tenía en ese momento, y muchas veces los recursos que el otro tiene no alcanzan para estar con uno. Soltar desde el amor es comprenderle, agradecerle y no guardar enojo. La forma en que respondas habla de tus recursos. Libérate y libera al otro desde esa visión de comprensión, donde también cabe identificar claramente si se alejó de nosotros debido a que dejamos de vibrar con esa energía, lo cual, aunque no lo entendamos, habrá que agradecerlo y soltar. Sólo podrás actuar de esta forma cuando el amor, la comprensión, el agradecimiento y las bendiciones te habiten y sean lo que salga cuando te expriman: un buen hábito es empezar a nutrirte de ellos.

Capítulo 10. El reinicio

La atención energiza, la intención transforma.

DEEPAK CHOPRA

RENACER. SI HOY, CON TODO LO QUE SABES Y HAS VIVIDO, pudieras nacer nuevamente, ¿qué mantendrías en tu vida y qué cambiarías? ¿Y si esto lo pudieras hacer mañana, o la semana que entra?

La realidad es que cada día renacemos, cada día tenemos la posibilidad de hacer una pausa y reflexionar: "Ante esta situación, ¿qué hubiera hecho diferente?" "¿Qué me hace sentir esa persona / situación?".

Recrearnos, tanto en diversión y placer como en volvernos a crear, son privilegios que podemos disfrutar a diario, cada día. ¡Celebra la vida!

¿Por dónde empezar? Por limpiar. Sí, por asear y ordenar. Y me refiero en el sentido literal de limpiar: barrer, trapear, sacudir, aun cuando parezca que tu casa está limpia. Así como al barrer sale a relucir el polvo oculto, igual pasa al interior: a veces creemos que estamos bien y al sacudir un poco salen cosas que no necesitamos. Hacer ese espacio es indispensable para la creación. Imagina el siguiente ejemplo: supón que vas de compras y adquieres cosas que no tienes y que te encantaron, seguro/a de que las utilizarás y no vas a dejarlas guardadas en el clóset. Llegas a tu casa y no tienes más espacio; claro que podrías dejar fuera lo nuevo o hacer que entre a la fuerza, aunque tanto lo nuevo como lo anterior se arruguen o maltraten, o puedes sacar de tu casa cosas que ya no uses para hacer espacio para lo nuevo. ¿Qué decisión tomarías? Lo mismo pasa con el conocimiento y con las experiencias: si no haces espacio y vacío, ¿cómo vas a cambiar tu alimentación? ¿Acaso no sería mejor vaciar el refrigerador y después llenarlo de nuevas cosas para comer? Pues es lo mismo; habrás de identificar y soltar palabras, frases, pensamientos y acciones que ya sabes dónde te ponen y que claramente no te sirven para estar en otro lugar.

La limpieza y el orden en tu casa, en tus cajones, en tu clóset, son condiciones necesarias para la prosperidad y la abundancia. Al limpiar afuera, limpias adentro, así que con este reinicio, ¡bienvenida la limpieza, y hágase la luz!

LR: RECOPILACIÓN DE APRENDIZAJES

Iniciar sabiendo nunca será lo mismo que arrancar de cero. Hemos hecho un recorrido a través de la lectura de rostro y llegamos a la sección que me gusta llamar *recopilación de aprendizajes*. Ahora tienes más información que al iniciar esta obra, al menos así lo espero; sin embargo, no hacer nada con esa información jamás será aprendizaje, así que, aunque no lo creas, ahora puedes hacer una lectura de rostro muy básica que sin duda te abrirá puertas al autoconocimiento y al entendimiento de otros. Como me gustaría que fueras consciente de toda la información que ahora tienes, te invito a hacer una "minilectura" como todo un experto, para lo que te comparto el orden para llevarla a cabo, y después un cuadro donde podrás concentrar los resultados que, estoy segura, has ido recabando a lo largo de este trayecto. ¿Listo/a?

Para hacer una lectura de rostro desde lo que se menciona en este libro, sigue estos pasos:

- ☐ Divide la cara por la mitad, en vertical: público y privado.
- ☐ Identifica similitudes y diferencias en ambos lados.
- ☐ Divide la cara en tres, en horizontal para ver la toma de decisiones.
- ☐ Identifica qué parte es la más grande.
- ☐ A partir de la división público / privado, identifica para cada lado:
  - Orejas: energía, rapidez de decisión.
  - Frente: si es grande y analítica.
  - Cejas: proyectos y fuerza de pensamiento.
  - Ojos: visión.
  - Nariz: manejo de dinero y estrategia.
  - Pómulos: si están marcados o no.
  - Boca: comunicación / dar y recibir.
- ☐ Identifica la forma del rostro y sus características:
  - Forma del rostro derecho-derecho.
  - Forma del rostro izquierdo-izquierdo.

Registra tus hallazgos en el siguiente formato:

Aspecto a observar	Fisionomía (qué forma, tamaño, etcétera.)	Significado
Mitad de la cara	+ público + privado	
- Diferencias		
- Similitudes		
Toma de decisiones		
Frente		
Cejas		
Ojos		
Pómulos		
Nariz		
Boca		
Labios		
Forma de rostro		
- En lo público		
- En lo privado		

¿Qué descubres de ti?

Como todo, la práctica hace al maestro. La televisión es un buen medio para llevarla a cabo: observa, observa y observa. Entrena tu ojo observando únicamente un rasgo a la semana, el que prefieras; aun cuando no sepas qué significa, tu mirada se irá haciendo cada vez más hábil en distinguir diferencias y similitudes entre rasgos. Lo que sigue, si te interesa conocer más, es que aprendas, busques, leas y quizá tomes algún curso que te permita incrementar tu acervo y las herramientas para seguir nutriendo tu alma. ¡Hay tantas cosas que aprender en la vida, que mi mayor deseo es que este libro despierte tu interés por iniciar tu camino hacia la vida que *tú* quieras! ¡Que así sea!

N: LA LUZ

El 10, en esencia, tiene la energía del 1, sólo que potenciada por el 0 que tiene al lado, lo que hace que el ímpetu de inicio, de comienzo, sea mayor y con una vibración más fuerte. El 10 prosigue al 9, así que en esencia no es lo mismo iniciar algo desde cero que desde la experiencia y el conocimiento. La analogía que utilizo para explicar esta energía es pensar que realizas una tarea en la computadora durante un par de horas o más, y de repente se va la luz sin que hayas salvado lo ya realizado: se pierde. No es lo mismo haberlo hecho la primera vez que volver a hacerlo sabiendo ya lo que habías escrito, la segunda vez se hace más rápido; así funciona la energía del 10. Es como el *do* en la siguiente escala musical, es un *do*, y sin embargo no suena igual al anterior.

Solamente en la numerología tántrica y en la hindú el 10 no se reduce a 1; en todas las demás el ciclo concluye en el 9. En las que se mantiene como 10, su equivalente en la visión de la línea de vida es la conexión con la luz: implica aprender a brillar, a conectar más allá de la sabiduría interna, desde la autonomía y con el poder de la palabra. Deben evitar el perfeccionismo consigo mismos; difícilmente se atemorizan.

A diferencia de los otros capítulos y dado que el significado que diferencia al 10 del 1 ha sido resumido en los dos párrafos anteriores, sugiero a aquellos que tengan el 10, ya sea en el alma, en el mes o como misión de vida, revisar el significado del 1, recordando que es la misma energía, sólo que con mayor fuerza debido al 0.

En este capítulo, dado que implica reiniciar y estamos a un paso de abrir puertas con el número 11, resaltaré algunos puntos que no han sido mencionados hasta ahora y que tienen que ver con la energía de algunos números y sus combinaciones.

Además de los números maestros (11, 22, 33, etcétera), que son los de mayor energía y fuerza, dentro de la línea de vida existen tres cuya energía es tan fuerte que naturalmente chocan entre sí. Cuando se tienen estas energías, la mayoría de las veces el aprendizaje consiste en armonizarlas e integrarlas, para lo que hay que aprender a vibrar la energía en cuestión en positivo. A partir del conocimiento que hemos desarrollado hasta este momento, veremos que estos tres números son:

1: Fuerza de inicio y de autonomía (el que quiere hacer las cosas por sí mismo).

5: Fuerza generadora de cambios y creatividad (el rebelde que cuestiona lo establecido).

8: Energía de poder y autoridad (representa alguna figura de autoridad).

Si estos números tuvieran voz, el diálogo en sus combinaciones sería algo como:

Uno: "Yo lo hago".

Cinco: "Déjame a mí, ¡así no es! Hay que hacerlo diferente".

Aquí la integración implica 1 + 5 = 6, armonía, bienestar; el reto del 1 de pedir ayuda y no hacerlo solo, se integra a la posibilidad de que sea diferente y viceversa.

Uno: "Déjame a mí, yo lo hago".

Ocho: "¡No! Vas a hacer lo que yo diga".

Aquí la integración implica 1 + 8 = 9, sabiduría interna, crecimiento espiritual, reconocimiento de que se tienen recursos para resolverlo; el reto aquí es que el 1 se permita algo del equilibrio del 8, y este reconozca la autonomía del 1 y viceversa.

Ocho: "Tienes que hacer lo que yo digo".

Cinco: "¡¿Tengo que...?! ¿Quieres ver que no?".

La integración de estas dos energías implica 5 + 8 = 13 = 1 + 3 = 4, la concreción y materialización (4) a partir de estabilidad emocional en 1 (13). El 13, al igual que el 8, es un número kármico, es decir, con un aprendizaje no concluido de otra vida y que implica transmutación (convertir energía negativa en positiva) para cerrar y concluir un ciclo, y poder iniciar otro. Aquí el reto es que el 8 conecte con su lección kármica y recuerde que su conocimiento y poder están para ponerlo al servicio de los demás y mantener el equilibrio, mientras que para el 5 el reto es entender el sentido de libertad y cambio sin generar choque.

Por otro lado, y para concluir con este apartado, hay combinaciones que por sí mismas se contraponen y la tarea es buscar la integración para generar una vibración positiva y evitar la negativa, que es con la que vibra de inicio por la misma paradoja que supone la unión de esas energías. Se da en los números consecutivos, por ejemplo:

1 y 2: La individualidad *vs.* la dualidad y las relaciones. La integración se da en la unidad de los opuestos, el *yin* y el *yang*. Vibra en negativo si hay dependencia del otro en la relación: se pierde de vista que la pareja son dos individuos, no una sola entidad.

2 y 3: La falta de decisión *vs.* las posibilidades y creatividad de ideas. La integración se da en generar opciones para decidir. Vibra en negativo si ante las posibilidades no se decide.

3 y 4: La dispersión *vs.* la estructura. La integración se da a partir de establecer metas de corto plazo que permitan la acción y la observación de los logros. Vibra en negativo cuando las metas son a muy de largo plazo o ambiguas, lo que favorecerá la dispersión y la frustración de la no concreción, o cuando se busca controlar emocionalmente a otro o a uno mismo.

4 y 5: La estructura y el "deber ser" *vs.* la necesidad de cuestionar lo establecido y de cambiar. La integración se da en la flexibilidad para que sea de otra forma, y en la creatividad para proponer una estructura diferente. Vibra en negativo cuando se insiste inflexiblemente en cómo "deben ser las cosas" sin permitir un cambio en los procesos.

5 y 6: La necesidad de gustar *vs.* no querer conflictos. Armonizan cuando se ponen límites y se evita el autosacrificio. Vibra en negativo cuando existe autosacrificio para gustar.

6 y 7: La necesidad de ayudar *vs.* la melancolía. La integración viene cuando la mente, desde el presente, se pone al servicio de los demás. Vibra en negativo cuando la mente le sigue dando vueltas a lo que pudo haber hecho mejor para ayudar a otro.

7 y 8: La mente *vs.* lo oculto. La integración viene cuando se logra entender, desde la mente, la capacidad y poder de equilibrar lo material con lo espiritual. Vibra en negativo cuando el poder interno y mental energiza el pasado, y se potencian la melancolía y la depresión.

8 y 9: El equilibrio de lo material y espiritual *vs.* el crecimiento espiritual. La integración se da cuando el trabajo interior y el crecimiento se llevan a cabo con enfoque de acción e intención en los objetivos. Vibra en negativo cuando el poder interno se centra en los obstáculos y la repetición de ciclos, o en hacer daño.

Antes de cerrar este apartado hay una energía más que considero importante compartir, ya que es lo que llamo un "as bajo la manga", y es el *número de equilibrio*. Este permite encontrar alguna actividad que nos conceda un espacio personal donde se potencie nuestro desarrollo interno, y puede apoyar al regalo divino o a la vocación; esta actividad o implementación nos dará una sensación de bienestar. Este número se obtiene considerando los números correspondientes a las iniciales de nombre/s y apellidos, según la tabla del capítulo 0; puedes consultar el significado de dicha energía en el capítulo correspondiente al número en cuestión.

NA: UN RECUENTO PARA REINICIAR

¡Y se hizo la luz! Es momento de recapitular, tomar los aprendizajes que te ha dejado el recorrido hasta aquí, y soltar lo que ya no te sirva para empezar a nutrirte diferente. Reiniciar sabiendo es completamente distinto a hacerlo sin saber, y eso también compromete a hacernos cargo de las decisiones propias. La ignorancia nos permite los errores y aprender de ellos, sin embargo, saberlo y no hacer nada pronostica que las cosas sigan sin cambiar y nosotros estemos inmersos en situaciones que se repiten una y otra vez.

De nuevo, es momento de recapitular. A continuación te pediré que tomes una hoja o un cuaderno para que, a la manera de un bufet que despliegue nuevas posibilidades, retomes de este libro ideas, elementos, frases que, como se dice coloquialmente, te hayan hecho "caer el veinte", para que elijas, integres y adoptes aquellos que resuenen en ti y que quieras empezar a incluir en tu nueva alimentación. Anota al menos diez, y comienza a aplicarlos en tu día a día hasta que sean hábitos para ti; recuerda que una habilidad se desarrolla haciendo, y si no comienzas a nutrirte diferente, tus resultados serán los mismos. Si decides permanecer igual, entonces no se vale que te quejes: la idea es que, sin importar qué elección hagas, ¡disfrutes de la vida! Plantéate objetivos, utiliza tus talentos, vuélvete consciente de tus pensamientos, haz un inventario de las palabras que más dices, las que más escuchas, e identifica si estas te ayudan a llegar a donde quieres, o en todo caso sustitúyelas. Aplica los ocho pasos para establecer objetivos, y regresa a este libro para consulta cada vez que creas que cambiar no es posible. ¡Sí lo es! Depende de ti, y si así es, ¿qué te hace pensar que no se puede? Recuerda que nuestros pensamientos construyen.

¿En qué estás pensando en este momento?

....

PARA NUTRIR TU ALMA

Nacemos y renacemos constantemente. Si cada paso y cambio que demos en nuestra evolución nos hace felices, es señal de que es el camino, y si lo es, confía: se abrirá.

Enlista las ideas, frases o conceptos con los que te quedas de este libro:

1.
2.
3.
4.
5.
6.
7.
8.
9.
10.

Capítulo 11. Abriendo puertas para nutrir el alma

Ten muy presente que tu enfoque determina tu realidad.

MASTER YODA (*STAR WARS*)

A PROPÓSITO DE ABRIR PUERTAS, QUIERO INICIAR ESTE CAPÍTULO CON UNA HISTORIA. En realidad es una anécdota: cuando era pequeña, tendría quizá unos cuatro o cinco años, mi papá solía regalarme las llaves que desocupaba porque cambiaba una cerradura, o las dejaba de usar; por alguna razón no las tiraba, me las daba. Yo era feliz recibiéndolas, me hacía sentir importante y especial, y las juntaba en un llavero que guardaba como uno de mis grandes tesoros. Tenía uno de esos llaveros de juguete, con llaves enormes de colores, y yo prefería mi llavero con llaves de verdad. Un par de años más tarde, cuando crecí un poco más y me di cuenta de que no servían, que me las diera ya no me parecía tan fantástico, aunque para ese entonces mi acervo de llaves era vasto.

Cuando tuve conciencia de que las llaves ya no abrían ninguna puerta y no las podía usar, en la siguiente ocasión en que me dio un montón de ellas, le pregunté a mi papá:

—¿Por qué me das estas llaves si ya no sirven?

—¡Claro que sirven! —me respondió.

—¡No es cierto!, ¡ya no abren ninguna puerta!

—¡Ah! —me dijo—. Ninguna en la casa; pero son llaves, claro que abren puertas.

—¿Cuáles?, ¿por qué me las das? —pregunté, con cierta curiosidad.

—Porque vas a crecer, y cuando seas grande te vas a encontrar muchas puertas, algunas cerradas, y vas a poder abrirlas. También vas a encontrar la de la felicidad, y cuando la encuentres, ¡tendrás la llave!

Recordar esta historia me deja ver que crecí con la idea de que tenía la llave de la felicidad y que ninguna puerta se me iba a cerrar; ¡yo la podía abrir!

Así que, a manera de llave, deseo que en este libro, y en este capítulo, encuentres los recursos y el acervo que te permitan abrir nuevas y diversas puertas, incluida la de la felicidad.

LR: ¡¿ME QUIERES VER LA CARA?!

Es hora de llevar a la práctica la teoría y lo que has descubierto por medio de esta técnica milenaria.

Haz una lista de todas las cualidades que hayas descubierto a través lo largo de este libro. No escatimes, recuerda que puedes ser abundante.

Haz una lista de tres cualidades y tres cosas que no te gusten de ti; después ve con cinco personas (compañeros de trabajo, amigos o familiares) y pide a cada uno que te diga cinco cosas que te describan. Compara las listas, incluida la tuya. ¿Qué ven los demás en ti que tú no? ¿Qué ves en ti que los demás no? ¿Qué otros adjetivos te podrían describir y no utilizas? ¿Cuáles utilizan tus compañeros de trabajo para describirte? ¿Qué adjetivos utiliza tu familia para describirte? ¿Qué de lo que te dijeron lo descubriste por tu rostro? ¿Qué descubres de ti?

Ejercicio de identificación[28]

Coloca una "palomita" (✓) a la izquierda de todos aquellos enunciados que digas, pienses o consideres verdaderos o aproximados a lo que dirías:

1. _____ El dinero no se da en maceta.
2. _____ El dinero ensucia, pervierte.
3. _____ El dinero es malo.
4. _____ Soy pobre, pero honrado.
5. _____ La gente rica hace trampa para ganar dinero.
6. _____ No quiero tener dinero y presumir.
7. _____ Es difícil conseguir empleo por la crisis.
8. _____ Nunca ganaré dinero haciendo o viviendo de esto.
9. _____ El dinero sale más rápidamente de lo que entra, vuela.
10. _____ Siempre tengo deudas.

---

[28] Algunos de estos enunciados son utilizados por Louise L. Hay en su libro *Tú puedes sanar tu vida*, mencionando que son declaraciones que se deben quitar del vocabulario propio. A partir de estos y otros que agregué, armé este ejercicio, que es parte de mi artículo "Prosperidad y abundancia", publicado en mi libro anterior.

11. _____ A la gente pobre no le corresponde salir de la miseria.

12. _____ Mis padres eran pobres y yo no podría tener.

13. _____ Los artistas tienen que padecer para merecer.

14. _____ Sólo a la gente que hace trampa le llega el dinero.

15. _____ Primero hay que pagar equis cosa.

16. _____ Yo no podría cobrar tanto, o no me pagarían eso por mi trabajo.

17. _____ No merezco / "eso no es para mí".

18. _____ No sirvo para ganar dinero.

19. _____ No le digas a nadie lo que tengo en el banco.

20. _____ No prestes dinero.

21. _____ Es injusto o no es justo.

22. _____ Ahorra para momentos difíciles.

23. _____ Una depresión podría presentarse en cualquier momento.

24. _____ Resiento que otros tengan dinero.

25. _____ El dinero sólo proviene del trabajo arduo.

26. _____ No tengo dinero.

Complementa esta lista si consideras que dices algo que no está relacionado.

¿Marcaste alguno de estos enunciados? ¿Realmente piensas que desde ellos obtendrás prosperidad? La prosperidad o la falta de ella es una expresión externa de las ideas que tienes en mente. ¿Qué crees que pasaría si transformas estas ideas en unas de prosperidad?

Haz una lista de todos aquellos pensamientos de abundancia que se te ocurran; recuerda que si cambian tus pensamientos, cambia tu rostro.

N: LOS NÚMEROS HABLAN

Si bien en general los números se reducen a una cifra, el 11 y el 22 son considerados los primeros números maestros, a los que les siguen el 33, 44, 55, 66, etcétera.

Gráficamente el 11 representa los postes de una puerta, en general hacia otros planos o dimensiones, de ahí su fuerza y maestría.

Hay diferentes formas de interpretar los números maestros. Una es que el 22 es dos veces 11, y dado que a partir del 33 todos repiten al 11 y al 22, aun cuando son números maestros sólo se toma en cuenta como tales al 11 y 22, por ser los primeros y porque están incluidos en los demás hasta el 99, que es cuatro veces 22 y una vez 11.

Otra forma de verlo es que el 11 es dos veces 1, así que además de tener la fuerza de un número maestro, implica dos veces la energía del 1 con la fuerza del 11, lo que lleva a una tendencia de vibración negativa por el exceso que supone. Lo mismo pasa con el 22, que es dos veces 2.

De ahí que cuando estos son parte del camino (día o mes), no se suman para reducirlos sino quedan como son. Se considera que los números maestros, siguiendo el ejemplo de la línea de vida, equivalen al guía espiritual, a aquel que ya trascendió el recorrido que supone la vida hasta el 9, o en todo caso, que conecta con su propia luz desde el 10. Es capaz de tener contacto tanto con el mundo espiritual como con el material, es un conector entre ambos, y de ahí su capacidad de guiar y trascender. Si ha desarrollado su espiritualidad y mundo interno desde la paz y calma interior que le supone haber trascendido a la luz, lo cual es el objetivo por lograr si es su misión de vida, su labor consiste en ser guía de luz para otros, mientras que si se mantiene en el camino y rechaza su propia conexión y la de la sabiduría interna, vivirá en conflicto constante.

Los números maestros, por la fuerza que tienen, sólo les son concedidos a las almas viejas, ya que su sabiduría no sólo se reduce a la interna sino incluye las lecciones de muchas otras vidas y su capacidad para conectar con estos planos y aprendizajes, motivo por el que requieren la energía de estos números. Generalmente quien nace un día 11 o 22, todos los nacidos en el mes de noviembre o quienes eligieron un 11 o 22 como misión de vida, son almas viejas con la capacidad de videncia o de audiencia de otros planos, o de visiones en sueños.

La labor para quien tiene esta energía es aceptar esta conexión y fuerza como dones y después realizar lo que corresponda, ya sea un desarrollo interno cuando está en el día (alma), hacia los demás cuando está en el mes (karma), o llegar a esa energía si es la misión de vida, y entonces el camino estará dado por vibrar en positivo las energías que se tengan en el día, mes y año.

Cuando el 11 está en el destino (suma del año), implica que se tienen la sabiduría y conexión desde una vida anterior y se eligió hacerlas parte del camino, así que cómo enfocar dicha sabiduría, que está en el interior a nivel muy profundo, depende de la misión que se haya elegido y lo que se deba desarrollar en el alma y karma.

Cuando el 11 o 22 vibran en negativo, lo hacen con lo negativo del 2 o del 4, respectivamente, sólo que con la fuerza del 11 o del 22, por lo que mientras aprenden a conectarse consigo mismos y a canalizar su energía a favor para confiar en sus aprendizajes de otras vidas, generalmente encontramos personas que se sienten en conflicto constante.

Cuando se tiene como talento el 11, es decir, como regalo divino, implica que en el instante en que tomen conciencia de lo que tienen o son, serán un conector para las personas, entre este y otros planos, y podrán expresar la energía de cualesquiera de sus cuerpos espirituales a voluntad; nunca les faltará el dinero.

Más allá de explicar lo que implica tener un número maestro, que como ya vimos es aquel que conecta y abre puertas, en este último capítulo, si bien cerramos nuestro recorrido numérico con el 11, también abriremos una puerta hacia el autoconocimiento, el que quizá hayas ido obteniendo mientras lo iba planteando. Sin embargo, con la idea de que este libro te aporte mayor información acerca de ti mism@ y esta te sea de utilidad para nutrir tu alma, a manera de guía realizaré un análisis desde la numerología para que tú lo hagas después con los formatos aquí incluidos, mismos que te permitirán concentrar tu información. De igual forma, y con la intención de repasar el significado de los números, a partir de palabras clave te proporciono en el Anexo 1 un resumen de la energía que asume cada uno en positivo y negativo.

Recordemos ahora cómo obtener cada uno de los números. Para aquellos que tienen que ver con letras, revisa la tabla proporcionada en el capítulo 0 para hacer la conversión.

Nuestro ejemplo será una persona cuyo nombre fuera Isabel Cristina Pérez González, y que hubiera nacido el 28 de noviembre de 1994.

A continuación encontrarás el concepto, cómo obtenerlo y el capítulo donde se menciona, para que regreses si requieres más información:

Necesidad (suma de nombre/s) (Capítulo 0)

I	S	A	B	E	L		C	R	I	S	T	I	N	A
9	1	1	2	5	3		3	9	9	1	2	9	5	1

Isabel = 21 / 3 → = 3; Cristina= 39 / 3 + 9 = 12 → 1 + 2 = 3; 3 + 3 = 6
Necesidad 6: Ayudar / servicio, la familia (Capítulo 6).

Recursos, herencias (suma de los apellidos) (Capítulo 0)

P	E	R	E	Z		G	O	N	Z	A	L	E	Z
7	5	9	5	8		7	6	5	8	1	3	5	8

Pérez: herencia del padre = 34 = 7; González: herencia de la madre = 43 = 7
Recursos, herencias → 7 + 7 = 14 = 5; capacidad de hacer cambios (Capítulo 5).

Alma. día → 28 = 10 (1); reconocer su luz para abrirse camino.

Karma: mes → 11; conectar con su sabiduría ancestral para guiar a los demás.

Destino: suma del año = 1994 = 23 = 5; capacidad de generar cambios.

Regalo divino (dos últimas cifras del año): 94 → 13 = 4; capacidad de transmutar energía para concretar.

Misión de vida (suma de día + mes + año [alma + karma + destino]).

Personal: 28 + 11 + 1994 → 1 + 11 + 5 → 17 = 8; autoconocimiento (conocimiento del 7 en 1) para tener equilibrio.

Hacia los demás: 2 + 8 + 1 + 1 + 1 + 9 + 9 + 4 = 35 = 8; cambios en emociones (5 y 3) para aportar (a los demás) al equilibrio.

Reto (suma de día + mes; reconocerlo para integrar alma y karma y vibrarlo en positivo): 1 + 11= 12 = 3; relación consigo misma para tener estabilidad emocional. Talento artístico.

Número de equilibrio (iniciales de nombre, energía necesaria para equilibrarse):

I	C	P	G
9	3	7	7

9 + 3 + 7 + 7 = 26 = 8; equilibrio entre lo material y espiritual. Atracción hacia lo esotérico.

A partir de los resultados obtenidos, a continuación te comparto una interpretación de este ejemplo. Cristina tiene una necesidad de servir y ayudar a los demás (6) por medio de la palabra, de las emociones y de la expresión (doble 3 en los nombres). Su misión de vida implica aprender a equilibrar lo material y lo espiritual, le atraerán los temas esotéricos, y si los usa a favor, podrá desarrollar su intuición para aplicar el conocimiento que adquiera para hacer un bien (8) si lleva esto a cabo por medio de un servicio (necesidad 6) o de su capacidad de transmutar la energía para concretar (talento 13 = 4). Le será fácil dar el primer paso para conectarse con su propia luz y evitar aislarse (alma 10 = 1); para lograr esto, cuenta con su doble capacidad de aprendizaje (recursos de padres, 7 + 7), que le permitirá generar cambios (14 = 5), habilidad que estuvo desarrollando en una vida anterior (destino 23 = 5) y que por su capacidad intuitiva (8) y ser hija de los padres que le dieron vida, le permitirá avanzar hacia su propia sabiduría interna, que tiene conciencia de un alma vieja (karma 11). Su mayor reto es establecer una relación consigo misma para tener estabilidad emocional y expresar lo que siente (reto 12 = 3), lo que para ella además satisface una necesidad personal (nombre 39 = 3) de comunicar. Es muy probable que esta relación consigo misma pueda desarrollarla a partir de dejar salir algún talento artístico que le permita expresarse (3). Encontrará su propio equilibrio en ayudar a los demás (26); sin embargo, es importante que cobre por estos servicios, ya que para ella es vital mantener el equilibrio entre lo material y lo espiritual (26 = 8). Desde este equilibrio, empata con su misión de vida, que en términos laborales puede llevarla a cabo por medio de ayudar a otros a generar cambios en sus emociones (35 = 8).

Si Cristina no reconoce que para ayudar a otros con sus emociones (misión de vida hacia otros, 35 = 8) requiere desarrollarlo en sí misma antes (reto, 12 = 3), o si no mantiene el equilibrio entre lo material y espiritual (número de equilibrio y misión de vida), es muy probable que tenga conflictos importantes con su ego (dos 1 en el 11) que la llenen de confusión, indecisión, y a establecer relaciones de dependencia (negativos del 2, si no vibra el 11 como maestro) o a adicciones de todo tipo (negativo del

5 en recursos y destino) y a conflictos con la autoridad, lo que le puede representar una vida de enojo, autoexigencia y autoagresión (negativo del 8). El uso de su talento para transmutar la energía y concretar (regalo divino, 13 = 4) es de vital importancia en su desarrollo para sacar su luz y brillar (alma 10), reconectar con su sabiduría ancestral y su propio interior (karma 11), para generar cambios (destino 5) y conciliar sus energías de choque (10, 5 y 8) en su necesidad de ayudar y de hacerlo a través del equilibrio entre lo material y lo espiritual.

Tus propios resultados

A partir del ejemplo, realiza tu propio diagnóstico de las energías que te rodean y reconócelas para usarlas a favor. Te recomiendo primero hacer los cálculos y al final concentrar tus resultados en el cuadro para tal fin:

Necesidad: lo que te mueve, tu vibración interna

Recursos, herencias: los recursos que tus padres te heredan como agradecimiento a que los hayas elegido de padres; son recursos que vas a necesitar

Karma: Es la energía que necesitas aprender primero a vibrar en positivo y después a canalizarla hacia los demás.

Destino: Labor de desarrollo que ya estuviste realizando en vidas anteriores.

Regalo divino: Tus dones y talentos.

Misión de vida: Lo que elegiste laborar para crecer en cuerpo y alma, es tu lección de aprendizaje en esta vida.

Personal: Es el camino que necesitas desarrollar hacia tu interior.

Hacia los demás: Es el camino que, a partir de desarrollarte interiormente, puedes llevar a la práctica para otros, ya sea como forma de vida, como actividad que apoye a tu karma o poniendo en práctica tus talentos o dones.

Reto: Energía que te permitirá integrar tu desarrollo interior con las actividades que necesitas aprender hacia los demás.

Número de equilibrio: Energía necesaria para equilibrarte, y que es como recargar pila, además de un espacio sólo para ti.

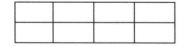

Ahora concentra tus resultados en el siguiente formato:

Reporte concentrado de las energías con la que cuento

CONCEPTO	MI RESULTADO	PALABRA CLAVE	PARA DESARRO-LLAR (información más amplia en cada capítulo)
Mi necesidad es:			
Recursos con los que cuento			
Por mi padre:			
Por mi madre:			
Para mi propio desarrollo es necesario que me enfoque en (alma):			
Para aplicarlo hacia los demás requiero desarro-llar (karma):			
Lo que ya estuve trabajando en una vida anterior (destino):			
Mis dones y talentos son (regalo divino):			
Mi misión de vida			
Hacia mí mismo:			
Hacia los demás:			
Mi mayor reto es:			
Encuentro mi equilibrio a través de:			

NA: DE LA TEORÍA A LA ACCIÓN

¿Alguna vez has visto el reloj a las 11:11? Ahora sabemos que el 11 es un número maestro y ver el reloj a esa hora quiere decir que estás sincronizado con el Universo, que estás abriendo puertas hacia tu mundo interior para que el exterior se transforme. Doble conexión: adentro y afuera.

La idea y el concepto de la nutrición del alma supone generar mayor conciencia de nosotros y de nuestro hacer, así que esta sección está enfocada a generarte algunas reflexiones y proveerte una gama de acciones que podrás realizar y desarrollar en tus tiempos, con la idea de que en esta conciencia puedas ir haciendo cosas diferentes que te hagan más feliz.

Este último capítulo pretende representar esa sincronía con el Universo, esa posibilidad de darte cuenta de que no sólo estás conectado/a sino que eres uno con él. A continuación encontrarás una serie de acciones y reflexiones que te permitirán abrir esas puertas, echar un vistazo a todo tu esplendor y empezar a hacer para ser quien tú elijas, en la mejor versión de ti mismo/a. ¡Mucho éxito!

Acciones para nutrir tu alma y comenzar a desplegar tus alas

Cada mañana, al despertar y abrir los ojos, pregúntate: "¿Cómo me siento?". ¿Cuál es tu primer pensamiento al despertar?, ¿cuál es el último que recuerdas al irte a dormir?, ¿qué emoción tienes antes de salir de la cama?

Haz una lista de cosas que quieras tener o hacer dentro de diez años. Ahora regresa al capítulo 4, en la sección de NA, y aplica los ocho pasos ahí mencionados para establecer tus objetivos y lograr eso que deseas.

Escribe una carta. Dirígetela a ti como si fueras un tercero, alguien que desde afuera te escribe; dile a esa persona que te ha acompañado toda tu vida lo mucho que le agradeces esa compañía, aprovecha para pedirle perdón por algo que consideres o que hoy entiendas diferente. Guárdala una semana y entonces ábrela, recíbela como si alguien te la hubiera escrito y léela. ¿Qué descubres?

Con respecto al dinero

☐ Si el dinero fuera una persona, ¿cómo sería tu relación con ella?

☐ Si tú fueras el dinero en esa relación y escucharas lo que le dices al dinero, ¿te quedarías?

☐ ¿Qué harías diferente para construir una relación sana y nutricia entre tú y el dinero?

He aquí algunos decretos entre los que puedes elegir para repetir durante el día y ocupar tu mente conscientemente:

☐ Nací para ser una bendición para el mundo.

☐ Estoy deseos@ de conocerme a mí mism@.

☐ Abro la puerta a un nuevo mundo próspero.

☐ Nada es imposible para mí.

☐ Lo que doy a los demás, se me regresa.

- Merezco que me paguen por disfrutar de lo que hago.
- Mi vida financiera es fácil.
- Mi sola presencia produce resultados valiosos.
- Merezco ser rico y próspero.
- Estoy muy agradecid@ por todo lo que tengo.

Recuerda: si no reconocemos, no vemos; si no vemos, no podemos agradecer, y si no agradecemos, nos será quitado. Agradece todo lo que tienes todos los días.

El lenguaje de la abundancia son las bendiciones y el agradecimiento. Agradece y bendice todo el día, todos los días, a todas las personas.

Busca un trabajo que ames, véndete con entusiasmo, proporciona un servicio de calidad y pide el precio justo.

También puedes buscar "Mantras" en YouTube y elegir el que más te vibre, según lo que quieras atraer o sanar (cada uno te dice para qué es). Apréndelo, memorízalo y repítelo cuando quieras ocupar conscientemente tu mente.

Medita. Puedes colorear mandalas, escuchar un mantra de los que encontraste en YouTube, quedarte en completo silencio; prende velas, usa incienso. Busca formas. ¡Medita!

Entra a la página www.keirsey.com (en inglés), ahí podrás realizar el cuestionario de temperamentos para conocer el tuyo (lo mencioné en el capítulo 6). Son comportamientos observables.

Hace casi tres años una amiga me compartió un reto de prosperidad; está en internet y lo que requiere de ti es constancia, disciplina y verdaderos deseos de ser próspero. Uno de mis compromisos en una de las etapas avanzadas del reto fue difundirlo cada vez que diera un taller o un curso y a cuanta persona pudiera, así que, siguiendo ese compromiso, en este libro te lo comparto. Entra a la página: ahí encontrarás información, y en la pestaña "Inscripción al reto" podrás corroborar la siguiente fecha de inicio. En la página principal encontrarás el video que te sugerí en el capítulo 7. ¿Ya lo viste? Entra a: www.prosperidadreto.com.

Algunas recomendaciones para nutrir la mente y el espíritu a través del cine:

- *El guerrero pacífico* (*Peaceful Warrior*)
- *En busca de la felicidad* (*The Pursuit of Happyness*)
- *El circo de la mariposa* (*The Butterfly Circus*)
- *Yo soy Sam* (*I Am Sam*)
- *Perfume de mujer* (*Scent of a Woman*)
- *Charles Atlas*

Después de ver cada una, toma papel y pluma y escribe, escribe todo aquello que te surja a raíz de la película.

Ante una situación a la que te enfrentes, genera al menos cinco opciones para solucionar esa situación. Tal vez exclames: "¡¿Cinco?!". Tienes razón, que sean diez, para reiniciar. Después elige entre ellas la que consideres mejor, toma una decisión y actúa. Si ninguna te parece viable, genera otras diez.

Pon en práctica tu creatividad, incluye el arte en tu vida. Escribe un poema; léelo. Haz música; escúchala. Pinta o esculpe algo; ve a un museo. Baila sol@ o con alguien; ¡baila! Usa colores, sabores, aromas, texturas; combina todo esto en tu día a día. Haz cosas diferentes: cocina, pinta, hornea, canta, lee, asiste a cursos, sal a cenar con un@ amig@, dedícate tiempo, ten un pasatiempo, retoma algún sueño que hayas dejado en el camino; todo esto son nutrientes del alma. Lo sabrás: sonreirás.

Bendiciones y agradecimiento infinitos por haber llegado hasta este punto del libro. Con mis mayores y mejores deseos que tu alma se nutra y tu espíritu se fortalezca.

Anexos

ANEXO 1
SIGNIFICADO DE LOS NÚMEROS

	POSITIVO	NEGATIVO
1	Creatividad	Soledad
	Inicios	Egoísmo
	Fuerza	Egocentrismo
	Independencia	Pereza
	Individuo (yo)	Imitación
2	Dualidad	Conflicto
	Pareja	Indecisión
	Relaciones	Dependencia

	Diplomacia	Engañador
	Cooperación	Apatía
3	Hijos	Problemas en la comunicación
	Comunicación	Hipersensible
	Emociones	Inestabilidad emocional
	Arte	Superficialidad
	Culturas	Celos
	Optimismo	
4	Estabilidad material	Inflexibilidad
	Concreción	Posesivo
	Dinero	Materialista
	Trabajo	Rutinario
		Represión
5	Cambio	Excesos
	Flexibilidad	Seducción
	Libertad	Vacío
	Espíritu libre	Irresponsabilidad
	Creatividad	Adicciones

	Familia	Obsesivo
	Hogar	Sacrificado
6	Armonía	Ansiedad
	Orden	Esclavitud
	Servicio	Preocupación

	Espiritual	Aislamiento
	Conocimiento	Melancolía
7	Investigación	Depresión
	Estudio	Frialdad
	Aprendizaje	Sarcasmo

	Poder	Esfuerzo excesivo
	Autoridad	Dureza
	Equilibrio (M / E)	Materialismo
8	Éxito	"Olla exprés"
	Habilidad ejecutiva	Abuso
		Violencia

	Alta espiritualidad	Emotividad
	Sabiduría	Sentimentalismo
9	Paz	Tétrico
	Compasión	Amargura
	Cierre de ciclos	Apatía

ANEXO 2
PROFESIONES QUE REPARAN O SANAN
Fuente: Enric Corbera.[29]

Todas las involucradas directamente con la salud: medicina, sanación alternativa, nutrición, etcétera.; por supuesto, el enfoque es sanar.

Profesiones que reparan relación, vínculo o afecto con alguno de los padres, o ambos.

- ☐ Sastre / costurera: reparación de separaciones.
- ☐ Psicólogo: la madre, repara problemas en la familia.
- ☐ Químico: es la madre, la tierra, la que nutre.
- ☐ Todo lo eléctrico / matemático (incluidas las tecnologías de la información): búsqueda del padre.

Reparación de la familia

- ☐ Panadero: es la familia, su reunión.
- ☐ Comunicación: es la familia, el traductor entre miembros.

Reparación de alguna circunstancia de vida en la familia

- ☐ Profesor: gente que no ha podido ir a la escuela.
- ☐ Policía / ejército: ausencia de paternidad, se busca

---

[29] Conferencia "La importancia de los antepasados en nuestras vidas, 2a. parte. https://www.youtube.com/watch?v=5PJ2hple4Ak

autoridad.

☐ Banquero (o actividad laboral en un banco): reparación de deudas, ruinas, herencias.

☐ Político: busca reconocimiento.

Nota: Considerando que la actividad laboral es alimento del espíritu y la fuente de nuestros ingresos para sustentar la vida, desde una perspectiva más amplia me parece que la actividad que uno desempeñe está sanando o reparando el alma de una u otra forma, más allá de su aportación al sistema que repare.

ANEXO 3
ALGUNAS LEYES DEL UNIVERSO

A lo largo del libro he mencionado varias veces las leyes del Universo: en el capítulo 8 mencioné las siete del *Kybalión*. A continuación lo complemento con otras cinco que de una u otra forma también mencioné a lo largo del recorrido; seguirlas es entrar en sintonía y en tu propia frecuencia con el Universo.

Ley de petición: Nosotros pedimos y el Universo concede. Aprende a pedir ayuda y proporciónala sólo cuando te sea pedida. Siempre que das ayuda, te corresponde asumir y aceptar las consecuencias de la misma; si la aplicación no es correcta, a ti regresa. Recuerda: si eres fuente generadora, a ti regresa. Evita condicionar la petición, por ejemplo: "Si llego a ganar el concurso…". Decreta: "Cuando gane el concurso…". Pide en positivo, evita el negativo, misma regla que en los objetivos del capítulo 4.

Ley de la resistencia: Nosotros somos nuestro peor obstáculo. Cuando te resistes a algo, estás forzado a repetir esa situación una y otra vez. Evita la obsesión; ábrete y acepta. Esto aplica así: imagina que estás en la escuela, llevas una materia que no te gusta y estás pensando darla de baja, sólo que el único maestro que la da es el mismo con el que la estás cursando… He aquí mi punto de vista: si la vas a volver a llevar, y desde el principio, con el mismo maestro, mejor aplícate, cúrsala y ciérrala de una vez.

Ley del reflejo: Todo lo que te rodea es un reflejo de ti mismo; lo describí como un espejo externo de lo que hay adentro. Identifica tu propio reflejo en tu entorno y cambia lo que no te guste.

Ley de la proyección: El entorno es una proyección de nosotros. Asumir que somos parte del problema es el primer paso hacia la solución. Solemos proyectar en otros los defectos que poseemos nosotros mismos; identifica lo que proyectas y sabrás cómo eres.

Ley del apego: El apego nos impide crecer. Atarte a sentimientos, materia o personas, impide que algo nuevo llegue a tu vida. Recuerda: suelta para tener las manos libres y recibir lo que el Universo te tiene deparado.

Agradecimientos

A Dios. Por la vida que tengo.

A Carlos: porque gracias a ti y al tiempo que comparti-
mos juntos, hoy soy mejor persona; porque sin duda nutres
mi alma y mi vida, y porque aunque ahora paradójicamente
nos acompañamos en la distancia, siempre tienes un lugar cercano y especial en mi corazón. Gracias, desde el alma.

A mis alumnos pasados, presentes y por venir: porque en
cada clase me enriquezco, porque su presencia en mi vida me
permite ejercer mi vocación y sueño de ser maestra, porque a
lo largo de treinta y cuatro años me han permitido enrique-
cer mi acervo docente y pedagógico, probar técnicas, teorías,
conceptos y dinámicas que algunos de ustedes reconocerán en
este libro.

A mis maestros: actuales, de quienes me nutro y aprendo. A quienes ya partieron: los llevo en el corazón.

A mis padres, porque han sido maestros de vida. A la
memoria de Mariano Rafael Blanco Castillo†, mi papá, quien

aportó a mi desarrollo intelectual retos, crucigramas, el ajedrez, y primero el conocimiento del vocabulario y después el asombro de nunca haber encontrado una palabra cuyo significado él no supiera, lo que me dejó un constante querer saber y aprender. Te extraño. A mi mamá: con amor porque has aportado a mi vida la parte artística —mis clases de ballet, que hoy son de jazz y tap, la educación, modales, gusto por las manualidades— y el desarrollo de mi parte intuitiva, y porque siempre me has apoyado y motivado a no darme por vencida y volver a intentar las cosas una y otra vez hasta llegar al final. Gracias por ser una excelente madre. Te quiero y admiro tu dedicación y fortaleza.

A Miss Cabañas†, porque su vocación como maestra influyó en identificar la mía. Porque aún recuerdo sus clases y la mnemotecnia se volvió una parte importante en mi vida y mi quehacer docente. Porque las demostraciones de trabajo desarrollaron en mí habilidades que a la fecha, cuando me paro ante una audiencia, sin importar su tamaño, escucho sus palabras: "Chiquitos, hablen fuerte y claro, para que el señor de la última fila los pueda escuchar". Con cariño dondequiera que esté, Miss.

A la memoria del profesor Jesús Medina† por su saber escuchar, al que debo mi gusto y mi primer contacto con la música, mi entrenamiento musical y tantos recreos dedicados a enseñarme sin que yo sintiera que fuera una clase. Su aportación hizo de mí una mejor maestra. QEPD.

A Roberto Ayala: porque estás y eres parte muy importante de mi vida. Nutres mi alma; me has llevado a hacer cosas más allá de lo que creía que podía, porque son más de treinta años compartidos y unidos por el baile y la vida. Admiro tu dedicación, tu profesionalismo y tu pasión por lo que haces. Me gusta saberme y sentirme artista cada vez que entro a tu estudio. Aunque estemos separados, siempre estamos juntos. Porque comprendes mis tiempos y mi necesidad de bailar y me permites seguir integrando el baile a mi vida, acomodando horarios para que cada mes llegue y regrese. Por hacerme saber que la capital de Nepal es Katmandú. Porque "A ver, hazlo", "*Go you to know*" y "Esto es una respuesta de sí o no" son frases en mi acervo. Porque los viajes a Nueva York contigo ¡son lo máximo! ¡Tú eres lo máximo!

A Henry Castañeda: porque tu llegada a mi vida me ha permitido encontrar e ir sacando mi voz y afinando mi oído. Porque cada lunes en tu estudio es un espacio de nutrición, de crecimiento, de desarrollar mi constancia, y me encanta que tú seas el maestro. Porque alguna vez me dijiste que el canto era conectar la voz con el alma y contigo he aprendido a hacerlo. Gracias infinitas, disfruto mucho ser tu alumna.

A Jorge Terrén y Betina Ber: por hacer posible mi formación al aceptarme en sus escuelas y por permitirme ser la alumna que va desde más lejos. Porque emprender estos viajes de siete mil kilómetros a lo largo de estos seis años me ha transformado y mi vida se ha visto enriquecida; porque siempre confié en que si era mi camino, se iba a abrir; y porque creyeron en mi confianza. Gracias por el camino que hemos podido construir juntos. Un abrazo, eternamente agradecida.

A Norberto López: gracias por recibirme en tu grupo semanal. Porque tus conocimientos y sabiduría se transmiten en tus clases, de las que aprendo, me enriquezco y me transformo. Es un placer y un privilegio ser tu alumna. Gracias por considerarme amiga. Es recíproco.

A Alicia Silva: contigo se comprueba eso que se dice de que cuando el alumno está listo, aparece el maestro. Justo apareciste cuando buscaba estudiar lectura de rostro y sin duda tus enseñanzas han dado frutos. Contigo empecé a recorrer este camino de conocimiento ancestral y agradezco que hayas llegado para permitirme entrar a este maravilloso mundo de tu mano. Siempre te recuerdo con profundo agradecimiento por tus enseñanzas y profesionalismo.

Al doctor Jaime Ayala y la doctora Conchita Rabadán, porque hacerme llegar al CIES ha sido uno de los grandes aciertos que la vida ha tenido conmigo. Gracias a los debates entre Freud y Jung aprendí, me preparé, crecí como alumna, lo que me permite crecer como maestra. Gracias por recibirme en la universidad, primero como alumna, después como maestra; me hace muy feliz saberme parte de esta comunidad. Gracias por creer y confiar en mis propuestas, por dejarme incluir la biodanza como materia, por abrirme puertas, por dejarme innovar con clases a distancia, por abrirme espacios con temas más allá del psicoanálisis, por permitirme viajar y seguir estando. Por esperar, sin permitirme cejar en la elaboración de mi tesis para mi titulación y por todos los comentarios que la enriquecieron; por darme el tiempo de gestación que ha implicado y porque en paralelo a este libro, también la tesis se ha gestado. Este año me titulo. Gracias, gracias, gracias.

A Norberto Flores y Natalia Luna: también en este caso aplica el punto de que cuando el alumno está listo, aparece el maestro. Estaba muy lista, me llegaron dos maestros increíbles. De ustedes aprendo lo intangible, a escuchar la naturaleza, a ver en ella el Universo, a sanarme a mí misma. Gracias por ser mi conexión con Argentina en México, o con México dondequiera que nos encontremos. Somos almas viajeras y me encanta. Me encantan como pareja. Los quiero. ¡Bendiciones!

Al grupo de Eros: porque son ejemplo de solidaridad, de relaciones que nutren, de gente que me potencia; me hacen crecer y querer regresar para dejarme transformar por cada uno de ustedes. Los quiero. Me encanta leerlos y saber de ustedes a la distancia y gracias a la tecnología.

A Mariano y Claudia: al primero por ser mi hermano, por elegirnos para ser compañeros de juego, de estudio, cómplices y para acompañarnos en las profesiones de sanación y reparación que elegimos en la misma familia. Te quiero. A Claudia: por llegar a nuestras vidas, por ser la madre de ese bebé que está por llegar y renovarnos como familia, por elegir ser la compañera de vida de mi hermano. A los dos: para que tengan en mente la dedicatoria de este libro cuando mi sobrina los saque de quicio.

A Joel Romero y Noel Gómez, porque la confianza depositada en mí me ha hecho crecer como maestra. Tantos años de colaborar en conjunto me han hecho no sólo mejor maestra sino mejor persona, porque cada alumno, cada clase, cada grupo, cada generación me compromete a seguirme preparando, a ser mejor maestra, a responder a su confianza y adaptabilidad en horarios para que pueda construir mi vida en México y en el extranjero. Desde lo más profundo de mi ser, mil gracias por permitirme ser parte de los programas de la Ibero y HP.

Gracias a Mara Morales, quien hace que mi participación y tiempos en los diplomados sean posibles y empaten con las fechas, además de que me facilita la vida resolviéndome cualquier duda o contratiempo. Invaluable su apoyo, Mara, muchas gracias.

A tanta gente que forma parte de mi vida, como clientes, amigos, proveedores, compañeros de trabajo, instructores, *coaches*, compañeros de la infancia, socios de negocio, maestros, alumnos, ex jefes; una lista interminable de nombres que me pasa por la mente, gente principalmente de México y Argentina, a quienes se suman amigos que se han ido a vivir fuera y gente querida en otras partes del mundo; de verdad es una lista infinita, y en aras de no omitir a nadie, vaya un agradecimiento individual por ser parte de mi vida. Reciba cada uno un abrazo con cariño e infinito agradecimiento, sabiendo que si son parte de mi vida, esta se nutre con su presencia.

A Fernanda Álvarez, mi editora, por aquel primer contacto y acercamiento, por creer en el tema, por la paciencia (desde la gestación) para tener este libro publicado, por aquella reunión el año pasado, que me permitió reenfocar y redireccionar la escritura. Gracias por creer en los cambios que hice a la propuesta original, por permitirme llegar a mucha gente por medio de la publicación de este libro. Porque fervientemente deseo que sea el primero de muchos títulos publicados contigo. Gracias, gracias, gracias.

NUTRIR TU ALMA PARA DESPLEGAR TUS ALAS.

Lucía Blanco

Bibliografía

Bachrach, Estanislao (2013), Ágil*Mente*. México: Grijalbo.

Blanco, Lucía (2010), *Emprendiendo el camino rumbo a ser ejecutivo en la vida y humano en el trabajo*. México: Endora.

Blesa, Ana (2003), *Un viaje heroico hacia la abundancia y la prosperidad*. Buenos Aires: Editorial del Nuevo Extremo.

Bourbeau, Lise (2011), *Las 5 heridas que impiden ser uno mismo*. México: Diana, 15a. reimp.

Branden, Nathaniel (2006), *El poder de la autoestima*. México: Paidós.

-------- (2005), *Cómo mejorar su autoestima*. México: Paidós.

-------- (2005), *Los seis pilares de la autoestima*. México: Paidós.

-------- (2007), *El arte de vivir conscientemente*. México: Paidós.

Chaltelt, Lourdes (2013), *La verdad está en el rostro*. México: Rosa María Porrúa.

Chopra, Deepak. *Cómo crear abundancia*. Audiolibro.

-------- (2009), *Sincrodestino*. México: Punto de Lectura.

Clason, George S. (1994), *El hombre más rico de Babilonia*. México: Obelisco.

Corbera, Enric (2013), *El Observador en bioneuroemoción*. Buenos Aires: Kier.

-------- y Marañon, Rafael (2013), *Tratado de biodescodificación*. Buenos Aires: Kier.

Covey, Stephen R. (1999), *Los 7 hábitos de la gente altamente efectiva*. México: Paidós.

-------- (2001), *Liderazgo basado en principios*. México: Paidós.

De Sayve, Carmen, y Coudurier, Ana (2002), *Descubre tu pasado, sana tu presente*. México: Alamah Espiritualidad.

Echeverría, Rafael (2007), *Ontología del lenguaje*. Buenos Aires: Granica.

-------- (2007), *Actos de lenguaje, vol. I: La escucha*. Buenos Aires: Granica.

-------- (2008), *El búho de Minerva*. Santiago de Chile, J. C. Sáez Editor.

Eker, T. Harv (2005), *Secrets of the millionaire mind*. Nueva York: HarperCollins.

Frankl, Viktor E. (2004), *El hombre en busca de sentido*; Barcelona: Herder, 8a. reimp.

Fromm, Erich (2007), *Del tener al ser*. Barcelona: Paidós Ibérica /Nueva Biblioteca Erich Fromm.

Guarnieri, Silvia, y Ortiz de Zárate, Miriam (2010), *No es lo mismo*. México: LID Editorial Empresarial.

Haner, Jean (2013), *The wisdom of your face*. Carlsbad, California: Hay House Inc., 7a. ed.

Hay, Louise L. (1984), *Tú puedes sanar tu vida*. México: Diana.

Jung, Carl Gustav (1970), *Arquetipos e inconsciente colectivo*, Barcelona: Paidós. 2a. reimp., 2010.

Keirsey, David (1998), *Please understand me ii*. Del Mar, California: Prometheus Nemesis Books.

Kiyosaki, Robert (2004), *Padre rico, padre pobre*. México: Aguilar.

Misner, Ivan R. (2007), *El secreto de mercadotecnia más conocido del mundo*. México: Océano.

Montes de Oca, Francisco (2006), *La filosofía en sus fuentes*. México: Porrúa.

Rohn, Jim, *7 estrategias para alcanzar el éxito y la felicidad*. Audiolibro.

Rosetree, Rose (2001), *Leer el rostro*. Málaga: Sirio.

Silva, Alicia (2006), Seminario introductorio: *Lectura de rostro*; notas y apuntes de curso impartido en la Ciudad de México.

-------- (2008), Seminario *La salud y el equilibrio en el rostro*; notas y apuntes de curso impartido en la Ciudad de México.

Sugars, Brad (2006), *Instant sales*. Nueva York: McGraw Hill.

Toro, Rolando (2009), *Biodanza*. Santiago de Chile: Cuarto Propio / Espacio Índigo, 3a. ed.

Tracy, Brian (2004), *Psicología de ventas*. Nashville, Tennessee: Grupo Nelson.

-------- (2009), *21 leyes absolutamente inquebrantables del dinero*. México: Océano.

Tres iniciados, *El Kybalión*. México: Editores Mexicanos Unidos.

¡¿Me quieres ver la cara?! de Lucía Blanco
se terminó de imprimir en mayo de 2017
en los talleres de
Impresora Tauro S.A. de C.V.
Av. Plutarco Elías Calles 396, col. Los Reyes,
Ciudad de México